Helga Knigge-Illner

Keine Angst vor Prüfungsangst

Helga Knigge-Illner

Keine Angst vor Prüfungsangst

Strategien
für die optimale
Prüfungsvorbereitung
im Studium

Eichborn.

Die Autorin:

Helga Knigge-Illner, Dr. phil., Diplom-Psychologin und Psychotherapeutin. Seit 1981 Wissenschaftliche Mitarbeiterin in der Psychologischen Beratung der Freien Universität Berlin. Lehrbeauftragte am Institut für Psychologie der FU. Expertin für Gruppentrainings zur Examensvorbereitung und Bewältigung von Prüfungsangst.
E-Mail: Knigge@zedat.fu-berlin.de

© Eichborn GmbH & Co. Verlag KG, Frankfurt am Main, Juni 1999
Umschlaggestaltung: Christina Hucke
Lektorat: Barbara Rumpf, München
Gesamtproduktion: Fuldaer Verlagsanstalt GmbH, Fulda
ISBN 3-8218-1496-9

Verlagsverzeichnis schickt gern:
Eichborn Verlag, Kaiserstraße 66, D-60329 Frankfurt am Main
http://www.eichborn.de

INHALT

EINLEITUNG:
DAS LEIDEN AN DER PRÜFUNG

Vermutlich werden Sie die Symptome von Prüfungsangst selbst gut kennen. Vielleicht leiden Sie unter der nervösen Unruhe, die sich eingestellt hat, seitdem Sie sich offiziell zur Prüfung in Ihrem Studienfach angemeldet haben und die Sie seither nie mehr so ganz verläßt. Oder Sie wachen morgens mit einem unguten Gefühl im Bauch auf und können zum Frühstück gar nichts herunterbringen, weil Ihr Magen wie zugeschnürt ist.

Sehr verbreitet ist die Befürchtung, »den Riesenberg an Arbeit«, der mit der Prüfungsvorbereitung ansteht, »überhaupt nicht schaffen zu können«. Das macht mutlos und verzagt und gibt häufig Anlaß dazu, es dann gar nicht erst zu versuchen.

Charakteristisch für Prüfungsangst ist auch, daß die Gedanken vorwiegend um mögliche negative Wendungen in der Prüfung kreisen: Der Prüfer wird eine völlig unerwartete Frage stellen, er wird »auf Lücke prüfen«. Und dann droht ein »schlimmes Ende« mit peinlicher Selbstdarstellung und schlechtem Abschneiden. Solche besorgniserregenden Gedanken stören ganz erheblich, wenn sie spätabends auftreten, das Einschlafen und die nächtliche Erholung.

Auf jeden Fall sind die Gefühle, die mit Prüfung verbunden sind, vorwiegend unangenehm. Anders als beim Fernsehkrimi, der auch mit Angst und Gefahr in Kontakt bringt, stellt sich kein angenehmer Erregungspegel ein. Nur wenige sehen einer Prüfung freudig entgegen und begrüßen sie als Gelegenheit, nun endlich zeigen zu können, daß sie »was zu bieten haben«. Das mag vielleicht auf Sportler zutreffen, die für einen Wettkampf trainiert haben, oder auf Kandidaten, die sich freiwillig zu einer Fernseh-Quizsendung melden.

Für die meisten Menschen sind Prüfungen ein Streß. Sie verlangen, Leistung und Wissen unter Beweis zu stellen und sich dafür beurteilen zu lassen. Für Leistungen bewertet zu werden, hat für viele seit der Schulzeit und aufgrund der elterlichen Erziehung einen negativen Beigeschmack. Das macht sie wenig attraktiv. Vielmehr geraten die bedrohlichen Aspekte in den Vordergrund:

● Der drohende Schaden, der mit dem Durchfallen einhergeht, und die daraus resultierenden »Kosten«, wie z.B. nicht nur die Prüfung, sondern vielleicht sogar das ganze Semester wiederholen zu müssen.

- Prüfungen sind nicht zu hundert Prozent kalkulierbar. Es kann tatsächlich etwas passieren, was nicht zu erwarten war und zu einem schlechten Ergebnis führt.
- Ein mögliches schlechtes Abschneiden kann den empfindlich treffen, der viel mehr von sich erwartet hat als eine mittelmäßige Note. Es stellt die eigene Selbstachtung in Frage.

All diese bedrohlichen Momente sind geeignet, Fluchttendenzen hervorzurufen. Deshalb ist es auch nicht erstaunlich, daß viele Prüfungskandidaten mit Vermeidungsverhalten reagieren, wie dem ständigen Aufschieben des Arbeitsbeginns, dem Flüchten in Ablenkung und irrelevanten Aktionismus.

Wie repräsentative Befragungen von Studierenden gezeigt haben, leiden sehr viele von ihnen unter Prüfungsangst und fühlen sich durch die Anforderungen der Prüfungsvorbereitung sehr belastet (Gawatz, 1991). Die meisten schaffen es trotzdem »irgendwie«, müssen sich aber mit leidvollen Erfahrungen herumplagen. Manchen erscheinen die Gefahren sogar so bedrohlich, daß bei ihnen Panik ausgelöst wird, nämlich dann, wenn sie sich den äußeren wie auch den inneren Ansprüchen überhaupt nicht mehr gewachsen fühlen und befürchten müssen, »gänzlich unterzugehen«.

Unter Prüfungsangst zu leiden, ist aber kein Schicksal; man kann etwas dagegen tun! Es gibt gute Strategien, mit denen Sie Ihrer Prüfungsangst wirksam begegnen können. Dafür ist allerdings erforderlich, daß Sie die folgenden Voraussetzungen mitbringen:

- das Interesse an einer Klärung des Phänomens »Prüfungsangst«,
- die Bereitschaft, Ihre Sichtweise von Prüfung und den Rollen, die Prüfer und Prüfling darin spielen, in Frage zu stellen,
- die Offenheit, Ihre eigenen Strategien der Prüfungsvorbereitung einer Revision zu unterziehen,
- die Neugier auf andere, effizientere Planungs- und Lernmethoden und die Bereitschaft, diese auf Ihre Prüfungsvorbereitung anzuwenden,
- die Motivation, neue Wege zu erproben, wie Sie auf Ihre Prüfungsangst direkt einwirken können.

Dieses Buch will Ihnen Empfehlungen und Strategien vermitteln, die in zahlreichen Workshops für Prüfungskandidaten entwickelt und erprobt worden sind. Es wird Ihnen dabei helfen, Ihren Umgang mit Prüfung, Prüfern und Prüfungsangst zu verbessern und beim Examen erfolgreich abzuschneiden.

Inzwischen haben hunderte von Studierenden die empfohlenen Strategien bei ihrer Examensvorbereitung angewendet. Ihre persönlichen Rückmeldungen waren überwiegend positiv. Der Erfolg der Workshops ließ sich durch eine Evaluierungstudie auch empirisch-statistisch nachweisen (Knigge-Illner, 1998 a; b; c); er zeigte sich in einer deutlichen Reduzierung der Prüfungsängste und in der Zunahme von ganz wesentlichen Voraussetzungen für eine erfolgreiche Prüfungsbewältigung: in einem Anstieg der Zuversicht und der Selbsteinschätzung eigener Kompetenz. Die Teilnehmer hatten aber nicht nur ihre Motivation verbessert, sondern kurze Zeit später absolvierten sie auch ihre Examina erfolgreich.

Die vorgestellten Strategien sollen Ihnen dabei helfen, Ihre Handlungsfähigkeit gegenüber der »außerordentlichen« Situation der Hochschulprüfung zu verbessern. Mit diesem Ziel möchte ich Sie dazu anregen, spezifische Bewältigungsfähigkeiten und Kompetenzen zu entwickeln, damit Sie nicht nur ein gutes Prüfungsergebnis erzielen, sondern auch die soziale Bewertungssituation mit Selbstbewußtsein meistern können.

Nicht alle Strategien, die auf besonders große Resonanz der Workshop-Teilnehmer stießen, lassen sich adäquat durch ein Buch vermitteln. Das gilt insbesondere für das, was in den Rollenspielen und den Prüfungssimulationen mit Videoaufzeichnung gelernt und als besonders hilfreich beurteilt wurde. Aber ich möchte Sie auf jeden Fall dazu ermuntern, die vorgestellten Empfehlungen und Anregungen nicht nur »allein zu Haus«, sondern auch gemeinsam mit anderen, mit Partnern, Kommilitonen und Arbeitsgruppen, auszuprobieren und sich dadurch ein praktisches Prüfungstraining zu verschaffen.

Im Kapitel »Prüfungsangst verstehen« (S. 11) werden Sie wichtige Informationen über das Phänomen Prüfungsangst und die Bedeutung von Prüfungen erhalten, damit Sie zu einer realistischen Sicht gelangen können. Vielleicht wird dies dazu führen, daß Sie Prüfungsangst auch positiv beurteilen können. Auf jeden Fall soll das Kapitel Sie dazu anregen, eine erfolgsorientierte Motivation aufzubauen.

Das Kapitel »Strategien optimaler Prüfungsvorbereitung« (S. 33) wird Sie mit dem »A und O« einer optimalen Prüfungsvorbereitung vertraut machen, nämlich mit der Strategie des Zeitmanagements und den Prinzipien einer realistischen Arbeitsplanung. Sie werden damit die Fähigkeit zur Selbstorganisation lernen können, die Sie auch für zukünftige Projekte benötigen.

Das Kapitel »Strategien und Methoden optimalen Lernens für die Prüfung« (S. 57) gibt Ihnen ein Instrumentarium von Lernmethoden an die Hand, mit dem Sie sich den Prüfungsstoff auf effiziente Weise aneignen können: Der Schlüssel dazu ist das »strukturierende Lernen«. Es wird Ihnen nicht nur zu gründlichem Verständnis, sondern auch zu dauerhaftem Behalten verhelfen.

Im Kapitel »Mit Prüfungsangst umgehen lernen« (S. 93) lernen Sie verschiedene Methoden zum besseren Umgang mit Prüfungsangst kennen. Vorgestellt werden Entspannungsmethoden, mit deren Hilfe Sie für mehr Ruhe und Gelassenheit sorgen können. Sie werden zum Erlernen des Autogenen Trainings angeleitet und in die Methode der Progressiven Muskelentspannung eingeführt. Auch damit erwerben Sie eine allgemeinere Fähigkeit, die Ihnen im späteren Berufsleben sehr nützlich sein kann: die Fähigkeit, mit Streß umzugehen.

Ein ganz anderer Ansatz beim Umgang mit Angst betrachtet in diesem Kapitel die Auswirkungen von Gedanken auf Gefühle. Er wird Ihnen die Analyse von inneren Selbstaussagen nahebringen, mit der Sie zu einer konstruktiven Beeinflussung von Ängsten gelangen können.

Das Kapitel »Training für mündliche Prüfungen – Das Prüfungsverhalten« (S. 138) soll Sie präparieren für die *mündliche* Prüfung. Sie werden Anregungen und Tips erhalten,
- wie Sie den Prüfungsverlauf aktiv gestalten und
- Ihr Prüfungsverhalten durch mentales Training und praktische Übungen verbessern können.

Das Kapitel »Training für schriftliche Prüfungen« (S. 167) wird Ihnen abschließend die Strategien vermitteln, mit denen Sie sich auf die Anforderungen verschiedener Typen von *schriftlicher* Prüfung vorbereiten können.

Mit Hilfe dieser Strategien wird es Ihnen gelingen, der Vorbereitung auf Prüfungen positive Seiten abzugewinnen und selbstbewußt und zuversichtlich in die Prüfung zu gehen.

Abschließend möchte ich zur Sprachregelung der Geschlechterbezeichnungen folgendes anmerken: Um beständige Wiederholungen der Bezeichnungen beider Geschlechter zu vermeiden, habe ich mich auf die gebräuchliche konventionelle Form festgelegt. Immer wenn ich nur von Studenten rede und nicht das neutrale Wort Studierende verwende, dann meine ich selbstverständlich auch die *Studentinnen*. Ähnliches gilt auch für die Bezeichnung Prüfer, die auch die Prüferinnen mit einbezieht.

Das Begriffspaar »Prüfer und Prüfling« habe ich ganz bewußt verwendet, da es die traditionelle Konstellation ganz trefflich widerspiegelt: nämlich, der männlich-autoritäre Prüfer und das noch unfertige Neutrum »Prüfling«. Das Buch wird deutlich machen, daß diese einseitige Sichtweise überwunden werden soll.

PRÜFUNGSANGST VERSTEHEN

Am Ende dieses Kapitels werden Sie wissen, wie und warum es zu Prüfungsangst kommt. Sie werden

- die Prüfungsangst besser verstehen können,
- sie bei sich selbst akzeptieren können und
- die Einstellung gewonnen haben, daß Sie Ihre eigene Prüfungsangst abbauen und als Quelle der Aktivierung nutzen können.

Susanne bekommt sofort rote Flecken am Hals, wenn sie an die Prüfung in drei Wochen denkt. Ihr Herz klopft heftig, und zehn Minuten später verspürt sie Magenschmerzen. Sie kennt diese Symptome. Sie weiß, daß sie unter Prüfungsangst leidet.

Prüfungsangst zu kennen, heißt noch nicht, sie zu verstehen. Fast alle kennen die charakteristischen Symptome von Prüfungsangst, die zwar individuell unterschiedlich auftreten – der eine bekommt vor Aufregung zittrige Hände, die andere spürt den Kloß im Hals und bringt kein Wort heraus –, aber übereinstimmend als Ausdruck von Angst erlebt werden.

Prüfungsangst zu verstehen, heißt erklären zu können, wie sie zustande kommt und ob sie eine angemessene Reaktion auf die bevorstehende Situation darstellt. Das Wissen hierüber scheint jedoch nicht so selbstverständlich zu sein. So kann sich mancher nicht erklären, warum er auch vor einer unbedeutenden Prüfung, bei der anscheinend »gar nichts auf dem Spiel steht«, heftige Aufregung verspürt.

Deshalb soll das Ziel des ersten Kapitels darin bestehen, die Momente aufzuzeigen, die Prüfungsangst zu einem starken und unangenehmen Gefühl machen.

Aber »verstehen« meint darüber hinaus noch etwas mehr: *Sich selbst* besser verstehen können. Von Studierenden, die an meinen Trainings zur Examensvorbereitung teilnehmen, höre ich häufig die Frage: »Warum habe *ich* solche Prüfungsangst? Ich habe bisher immer alles gut geschafft. Und trotzdem habe ich einen Riesenbammel, wenn ich an die nächste Prüfung denke«.

Der Schritt zum Verständnis seiner selbst führt über das genaue Wahrnehmen der eigenen Gefühle und das Erforschen eigener Erfahrungen. Auch dazu soll dieses Kapitel Sie anregen, damit Sie den geeigneten Weg finden, mit Ihrer Prüfungsangst umzugehen.

Symptome und Erscheinungsbild von Prüfungsangst

Die meisten Studierenden erleben Prüfungsangst schon lange vor der Prüfung. Manche spüren sie jedoch erst dann, wenn »es losgeht mit der Prüfung« oder kurz vorher, wenn sie im Warteraum zum Prüfungszimmer sitzen. Prüfungsangst wird durch Gedanken und Phantasien ausgelöst. Allein die Vorstellung von der peinlichen Situation, wenn »es offenkundig wird, daß man viel zu wenig Wissen hat«, kann bereits heftige Angstreaktionen hervorrufen.

In der konkreten Prüfungssituation kann man sie in sehr unterschiedlichen Erscheinungsformen beobachten: Manche können ihre Aufgeregtheit kaum dämpfen und das Zittern ihrer Hände nicht steuern. Andere treten ganz »cool« auf und spüren den Streß nur »von innen« an ihren kalten Händen.

Es gibt aber kaum jemanden, der nicht irgendwann einmal vor der Prüfung voller Furcht an das Auftreten des sogenannten Blackouts gedacht hat, an den Moment, wo »der Faden reißt« und einem gar nichts einfällt.

Betrachten wir zunächst die Symptome von Prüfungsangst etwas genauer. Sie sind sehr vielfältig und unterschiedlich. Die Angst kann die verschiedenen vegetativen Funktionsbereiche, wie Atmung, Herz und Kreislauf, betreffen und sich in Störungen niederschlagen (Metzig & Schuster, 1998).

- Sie drückt sich aus in sichtbaren Reaktionen der Haut, z.B. Erröten oder Erblassen bis hin zu krankhaften Hautveränderungen, wie Ausschlag und neurodermitische Symptome.
- Sie wird sichtbar und spürbar an der Motorik, z.B. durch hektische Bewegungen, Zittern oder verlangsamte Reaktionen. Sie wirkt sich störend aus auf den Verdauungsapparat und bringt Schlafstörungen mit sich.
- Sie drückt sich aus in Stimmungsveränderungen, die von Depression oder Wut geprägt sind oder auch zwischen den beiden Zuständen hin und her schwanken.
- Sie beeinträchtigt die geistigen Funktionen: Konzentration, Gedächtnis, Sprache und Bewußtseinszustände, die bis zu Verwirrtheit oder Trance gehen können.
- Sie beeinflußt so komplexes Verhalten wie das Sozialverhalten: Manchmal führt Prüfungsangst auch zu sozialem Rückzug und zu Beziehungskrisen.

Welche der Symptome im Einzelfall auftreten, hängt u.a. auch von Ihren individuellen körperlichen Empfindlichkeiten ab, z.B. davon, welches Ihrer Organe besonders auf Erregung reagiert. Wenn Sie einen empfindlichen Magen haben, dann werden Sie vermutlich mit Appetitlosigkeit oder gar mit Magenschmerzen reagieren, oder bei einem nervösen Darm mit Durchfall.

Außerdem wirken sich natürlich auch Ihre gewohnheitsmäßigen Reaktionsweisen auf die Erscheinungsform von Prüfungsangst aus. Manche Menschen reagieren auf die Angsterregung mit extrem »ruhig« erscheinendem und trägem – wie gelähmt wirkendem – Verhalten. Andere, die generell als »nervöse Typen« zu bezeichnen sind, geraten demgegenüber in einen hektischen Aktionismus.

Die Symptome können unterschiedlich stark ausgeprägt sein. Manche Studierende kennen Prüfungsangst nur in milder Form als Lampenfieber oder Streßgefühl, das zwar unangenehm ist, aber das Verhalten ansonsten nicht weiter beeinträchtigt. Bei anderen entwickelt sie sich zu quälenden Angstzuständen mit psychosomatischen Störungen und beeinträchtigt die Lebensfreude.

Festzuhalten ist:
→ Das Erscheinungsbild von Prüfungsangst fällt sehr unterschiedlich aus.
→ Prüfungsangst kann sich auf den gesamten Organismus auswirken. Sie umfaßt Körper und Geist.
→ Jeder Mensch hat sein eigenes Muster von Prüfungsangst entwickelt.

Was ist Prüfungsangst?

Prüfungsangst ist ein komplexes Phänomen. Es wird erst dann verständlich, wenn die Angst als Reaktion auf eine Situation betrachtet wird. Von der Situation der bevorstehenden Prüfung gehen Gefahren aus – genauer gesagt, von den Vorstellungen und Gedanken, die sich das Individuum dazu macht. Davon fühlt es sich bedroht, es erlebt Angst vor der Situation und spürt körperliche Erregung und Anspannung. Die unangenehmen Gefühle rufen den Impuls zur Flucht hervor. Dieser Zusammenhang läßt sich folgendermaßen beschreiben (Scholz, 1995): Prüfungsangst hat vier Dimensionen:

● die Ebene der Vorstellungen (z.B. der Gedanke an das Scheitern),
● den physiologischen Aspekt der Erregung,

- die Gefühlsebene – das Erleben der Angst –,
- den Verhaltensaspekt – die Handlungsreaktion (z.B. hektischer Aktionismus) –.

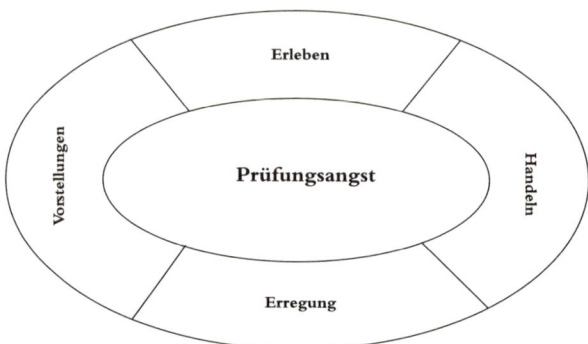

Abbildung 1: Dimensionen von Prüfungsangst

Der Fluchttendenz würden Sie als Prüfungskandidat sicher gern nachgeben, wenn nicht gleichzeitig der Wunsch da wäre, die Prüfung zu bestehen. Der Konflikt zwischen den einander widerstrebenden Tendenzen muß gelöst werden! Das verlangt von Ihnen, eine beherzte Entscheidung zu treffen, nämlich, sich Ihrem Ziel und der damit drohenden Gefahr anzunähern.

Worin besteht nun die Gefahr? Es droht zwar kein Schaden an Leib und Leben wie in anderen Angstsituationen; aber es stehen durchaus unangenehme Erfahrungen bevor: das Durchfallen, das schlechte Abschneiden und die anschließenden nachteiligen Folgen, wie die Reaktionen der Eltern, des Partners und der Freunde, das Wiederholen der Prüfung, die Verlängerung des Studiums etc. Sich mit schlechten Noten auf dem Arbeitsmarkt zu bewerben oder die letzte Chance bei der Wiederholungsprüfung zu verpatzen, sind Aussichten, die sehr belastend wirken können. *Prüfungsangst ist insofern eine reale Angst, die sich auf reale »Gefahren« bezieht.*

Darüber hinaus ist ein zweites Moment von Prüfungsangst zu beachten. Die Angst entsteht auch aus der *Nicht-Kontrollierbarkeit* der Situation: Ablauf und Ausgang jeder Prüfung sind mit Ungewißheit behaftet. Infolgedessen läßt sich der Verlauf auch nicht hundertprozentig steuern. Diese Bedingung grenzt Ihren Einfluß, den Sie als Prüfling auf die Situation ausüben können, ein. Sie befinden sich in einer ganz ähnlichen Situation, wenn Sie vorhaben, eine Person anzusprechen, die Sie sehr attraktiv finden und bei der sie »gut ankommen« wollen.

Aber macht die *objektive* Gefahr den Kern von Prüfungsangst aus? Die Heftigkeit der Angst, mit der viele Prüfungskandidaten auch in Situationen reagieren, in denen gar nichts »auf dem Spiel steht« – wo z.B. die gute Note von vornherein gesichert ist –, stellt dies in Frage. Eine mittelmäßige Note kann bei denen, die »viel von sich erwarten«, auch schon in die Zone persönlichen Versagens führen.

Es sind also nicht die objektiven Gefahren, die bei Prüfungsangst den Ausschlag geben, sondern es sind die *subjektiven*: Die subjektive Einschätzung der Bedrohung entscheidet darüber, wie stark die Angst ist. Diese ist vom Kandidaten abhängig, von seinen Vorstellungen und Gedanken über die Prüfung. *Das, was subjektiv auf dem Spiel steht, macht die Angst aus!*

Die Bedrohung ist also *psychischer Natur.* In Prüfungen geht es um Bewertung, genauer: um die Bewertung von Leistung. Aber meistens wird von den Prüflingen darin viel mehr gesehen: die Beurteilung der Intelligenz schlechthin oder die des eigenen Könnens. Die Bewertung bezieht sich dann auf die *ganze* Person und stellt die Selbstachtung in Frage.

Der Schaden droht infolgedessen dem Selbstkonzept, und das macht Prüfungen so bedeutsam! Prüfungsangst wird deshalb auch als Bewertungsangst charakterisiert. Schlecht abzuschneiden, weckt außerdem Unzulänglichkeitsgefühle und Versagensängste. Diese können Gefühle von Schuld und Scham nach sich ziehen. Man schämt sich, so »schlecht dazustehen«, fühlt sich dafür schuldig, daß man z.B. die Erwartungen der Eltern oder die des Partners enttäuschen muß. *Es ist die Angst vor der Verletzung des Selbstwertgefühls, die den zentralen Kern von Prüfungsangst ausmacht.*

Prüfungsangst ist eine spezifische Angst, eben die Angst vor der Bewertungssituation (Schwarzer, 1987). Jemand, der unter starker Prüfungsangst leidet, muß nicht generell zu Angst neigen und auch in vielen anderen Situationen große Angst empfinden. Es ist vielmehr eine spezifische Voraussetzung, die ihn anfällig macht für die Bedrohung seines Selbstwertgefühls in Prüfungssituationen. Vielleicht kann Sie diese Erkenntnis ein wenig trösten und verhindern, daß Sie sich wegen Ihrer Prüfungsangst auch noch Selbstvorwürfe machen.

Festzuhalten ist:
→ Prüfungsangst entsteht im Kopf.
→ Sie ist eine Antwort auf die Bedrohung des Selbstwertgefühls.

Der physiologische Aspekt der Prüfungsangst

Biologisch gesehen ist Angst eine sinnvolle Reaktion, die das Überleben sichert:

- sie signalisiert Gefahr,
- sie aktiviert den Organismus und
- ermöglicht dadurch eine Anpassungs- oder Fluchtreaktion.

Eine Katze, die plötzlich einen großen Hund vor sich sieht, reagiert mit einer Angstreaktion. Bei uns Menschen laufen ganz ähnliche Prozesse ab wie bei der Katze:

Über das vegetative Nervensystem werden bestimmte physiologische Reaktionen hervorgerufen, die den Organismus in Kampfbereitschaft versetzen (Lazarus, 1980):

- Herz- und Kreislauf werden aktiviert, das Blut wird in die Extremitäten, die Glieder und den Kopf, gepumpt.
- Der Muskeltonus steigt und stellt sich auf Bereitschaft zum Sprung ein.
- Energie wird verfügbar durch Ausschüttung von Glykogen.
- Die Verdauungsfunktionen werden gedrosselt.
- Das Bewußtsein wird wach und klar, die Wahrnehmung geschärft.

Diese physiologischen Reaktionen werden blitzartig durch die Ausschüttung von Adrenalin ausgelöst. Die Katze kann sich durch eine Drohgebärde wehren und den Hund in die Flucht schlagen oder selbst die Flucht ergreifen.

Auf das gleiche Erregungsmuster geht auch die Prüfungsangst zurück. Der physiologische Zustand hat durchaus positive Funktion: Er mobilisiert Ihre Energien, schärft Ihre Aufmerksamkeit und macht Sie reaktionsbereit. Wenn Sie diese Aspekte betrachten, können Sie Ihrer Prüfungsangst vielleicht etwas abgewinnen! *Sie ist auch ein Zeichen dafür, daß Sie ganz lebendig und »voll da« sind.*

Für die Bewältigung von Prüfungssituationen erscheint das Mobilisierungsmuster jedoch in mancher Hinsicht inadäquat, denn hierbei kommt es weniger auf einen Kampf mit Muskeleinsatz als vielmehr auf die Bewältigung von geistigen Aufgaben an. Dafür braucht man zwar ein helles Bewußtsein und Handlungsbereitschaft, aber auch Ruhe und am besten einen *mittleren* Erregungspegel. Bei vielen kommt es jedoch gerade in der Prüfungssituation zu heftigen Überreaktionen, die kaum noch zu steuern sind. Der Grad der Erregung ist so hoch, daß er Wahrnehmung und Denken beeinträchtigt. Besonders unwillkommen sind diese Reaktionen, wenn sie lange vor dem Prüfungstermin auftreten. Tatsächlich werden die physiologischen Reaktionen auch schon durch den Gedanken an die Prüfung hervorgerufen. Damit sich dieses Muster nicht verselbständigt und automatisch ausgelöst wird, sollten Sie lernen, frühzeitig darauf einzuwirken und die Erregung auf ein positives Niveau zu dämpfen.

Ein gewisses Maß an Aufregung und Anspannung ist jedoch notwendig, um eine gute Leistung zu erreichen. Bei Schauspielern ist es das Lampenfieber, das an »ihren Nerven zerrt«, wenn sie eine Premiere vor sich haben. Aber kaum einer möchte wirklich frei davon sein. Sie schwören darauf, daß sie es brauchen, um »zu voller Größe aufzulaufen«.

Festzuhalten ist:
→ Prüfungsangst versetzt Sie physiologisch in Kampfbereitschaft.
→ Sie hat durchaus positive Aspekte!
→ Setzen Sie sich zum Ziel, sie auf das rechte Maß zu bringen.

Prüfung – ein soziales Ritual?

Prüfungen können nicht einfach spontan und informell durchgeführt werden, z.B. aus einem Gespräch heraus, das sich im Anschluß an ein Seminar zwischen Ihnen und Ihrem Professor entwickelt. Vielmehr gibt es dafür bestimmte formale Regeln: Sie müssen sich offiziell anmelden und bestimmte Voraussetzungen und Anforderungen erfüllen. Für den Ablauf ist ein Ritual vorgesehen, mit dem die Rollen von Prüfer, Prüfungskandidat und Beisitzer festgelegt sind: Sie können z.B. die Prüfung nicht einfach damit beginnen, daß Sie Fragen an den Prüfer stellen, sondern müssen auf seine Fragen warten. Das Ritual hebt Prüfungen als außerordentliche Veranstaltungen aus dem Hochschulalltag hervor. Das fällt z.B. an der Kleiderordnung auf, die auch heute noch in vielen Fachbereichen Gültigkeit hat: Man kleidet sich tendenziell formeller und gepflegter, als es dem üblichen Jeans-Stil entspricht, eben dem »feierlichen« Anlaß gemäß.

In dem Ritual wird geprüft, ob Sie gewisse Anforderungen erfüllen. Dafür müssen Sie vor den ausgewiesenen Autoritäten der Hochschule nicht nur Ihr Fachwissen nachweisen, sondern vielleicht noch einiges mehr: einen bestimmten Grad an Tüchtigkeit und Reife und bestimmte soziale Kompetenzen, wie die

Fähigkeit zur Anpassung an die Regeln des Hochschul-Systems und die Fähigkeit, das Ritual selbst zu meistern.

Prüfungen, insbesondere Abschlußexamina, erhalten darüber hinaus eine besondere Bedeutung, weil sie eine Übergangssituation markieren (Leutzinger-Bohleber, 1993; Blos, 1995). Es wird von Ihnen als Examenskandidat verlangt, daß Sie sich aus dem vertrauten Studentenstatus lösen und den Übergang in einen neuen gesellschaftlichen Bereich mit neuen Rollenanforderungen und neuem Status wagen. Das bedeutet aber, daß Sie eine neue Identität entwickeln müssen. Ein solcher Entwicklungsschritt ist immer von Ängsten begleitet, die die Prüfungsangst überlagern und verstärken können.

Vielleicht kann Ihnen diese Betrachtung dazu verhelfen, Ihre Prüfungsangst als Reaktion auf die bevorstehende »Bewährungsprobe« besser zu verstehen.

Aber Vorsicht! Die hier dargestellte Sicht auf den Stellenwert einer Prüfung ist eine *Interpretation*. Sie führt sehr leicht dazu, die Bedeutung der Prüfung zu überhöhen und in der Phantasie bedrohliche Szenarien entstehen zu lassen. In meinen Prüfungstrainings stelle ich manchmal die Aufgabe, Phantasien über die Prüfung im Bild festzuhalten, d.h. sie zu malen oder zu zeichnen. Dabei zeigen sich ziemlich übereinstimmende Bilder: Der Prüfling – klein und kläglich, den roten Kopf voller Fragezeichen – vor einem gewaltigen Richtertisch, an dem die Herren Professoren – Respekt heischend in schwarzen Roben – thronen und ihn mit peinlichen Fragen bombardieren! Die Wanduhr zeigt fünf Minuten vor zwölf!

Aber so muß es nicht ablaufen. Mit Ihren Gedanken und Vorstellungen inszenieren Sie die Prüfung und machen Sie schlimmer, als sie in Wirklichkeit ist! Sie müssen sich keinem »Tribunal stellen« und auch keinen »Drachen töten«, um in die Gemeinschaft aufgenommen zu werden. Es werden von Ihnen keine außerordentlichen Leistungen und Mutproben erwartet. Prüfen Sie genau, um welche Anforderungen es tatsächlich in der Prüfung geht. Sie haben es bei nüchterner Betrachtung mit einem Rollenspiel – einem Frage- und Antwort-Spiel – zu tun. Sie sollten sich klarmachen, daß es darin im wesentlichen um das *Präsentieren Ihres Fachwissens* geht. Darauf wird sich die Bewertung richten. Für die bevorstehende Prüfung brauchen Sie also gutes Fachwissen und die Fähigkeit, es zu präsentieren!

Festzuhalten ist:
→ Prüfungen haben eine wichtige gesellschaftliche Bedeutung. Lassen Sie sich jedoch durch diese Erkenntnis nicht erschrecken!
→ Im Kern geht es um die Prüfung Ihres Fachwissens.

Faktoren, die das Ausmaß
von Prüfungsangst bestimmen

Mit Bewertungen von Leistungen haben viele Studierende in Elternhaus und Schule negative Erfahrungen gemacht und bringen infolgedessen vorgeprägte Einstellungen mit.

Da Prüfungsangst das Selbstwertgefühl berührt, kommen auch bestimmte Persönlichkeitszüge zur Wirkung, die das Erscheinungsbild von Prüfungsangst beeinflussen.

Die psychologische Angstforschung unterscheidet zwei Komponenten von Prüfungsangst (Spielberger, 1976; Hodapp, 1995):

→ den gedanklichen Faktor *Besorgtheit*
→ den emotionalen Faktor *Erregung*.

Wenn die Gedanken sich auf das Selbst – insbesondere dessen Mängel – richten, fällt die Besorgtheit hoch aus. Erregung umfaßt die physiologischen Begleitsymptome der Angst, die oben beschrieben wurden. Man hat festgestellt, daß diejenigen, die zu starker Prüfungsangst neigen, meist ein hohes Ausmaß an Besorgtheit, die sich auf ihr Selbst bezieht, äußern. Wenn man ihnen einen Test vorlegt, bestätigen sie Aussagen wie »Ich werde in der Prüfung kein Wort herausbringen«, »Der Prüfer wird merken, daß ich zu wenig kann« usw.

Besorgtheit wird als der entscheidende Faktor angesehen: von ihm hängt es ab, ob sich die Angsterregung ausbreitet oder nicht. Das heißt aber auch: *Die Stärke der Angst wird durch die Gedanken im Kopf bestimmt!*

Was folgt nun daraus? Ist man als Prüfungskandidat geprägt durch seine Persönlichkeit? Bis zu einem gewissen Grade trifft dies zu.

Menschen unterscheiden sich z.B. in der Art des Leistungsmotivs: Bei den einen bestimmt »die Hoffnung auf Erfolg« das Handeln, bei den anderen »die Furcht vor Mißerfolg«. Wenn Sie zu der letzteren Gruppe gehören, dann sind Sie besonders anfällig für Prüfungsangst. Bei Personen, die zu sehr hohen Leistungsansprüchen tendieren und sich sehr streng beurteilen, wird die Angst, den Anforderungen nicht gerecht zu werden, ebenfalls stärker ausfallen.

Wenn Sie ein starkes Bedürfnis nach Kontrolle haben und sich generell nur sehr ungern auf unvorhersehbare Entwicklungen von Ereignissen einlassen mögen,

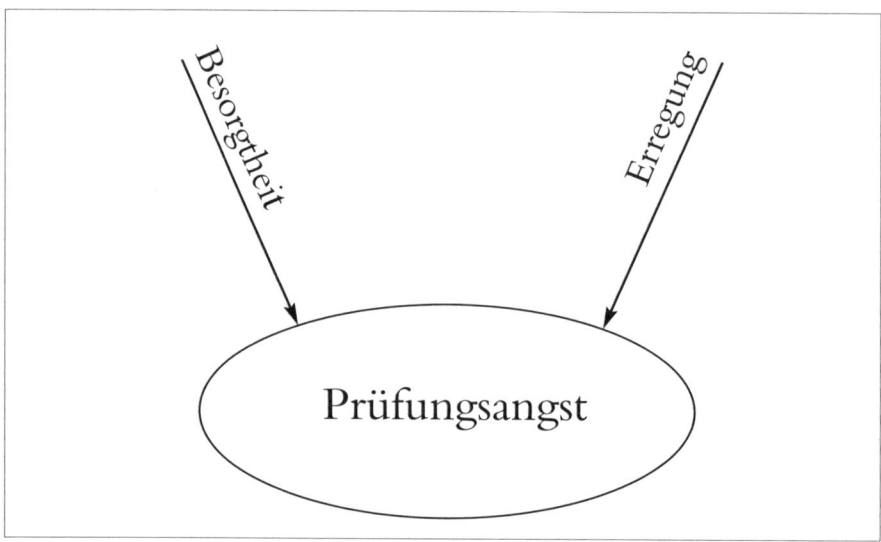

Abbildung 2: Die 2 Faktoren von Prüfungsangst

wird es Ihnen auch besonders schwerfallen, der Unberechenbarkeit der Prüfung mit Gelassenheit entgegenzusehen.

Es ist noch auf einen weiteren Einflußfaktor hinzuweisen: Wenn Sie zu *Selbstaufmerksamkeit* neigen, d.h. Ihre Aufmerksamkeit sehr stark auf die Wahrnehmung Ihrer eigenen Empfindungen konzentriert ist, dann werden Sie Ihre Prüfungsangst damit wie durch ein Brennglas verstärken.

Außerdem soll auf eine generelle Wirkung von Angst aufmerksam gemacht werden. Da Prüfungsangst mit sehr unangenehmen Empfindungen einhergeht, entwickelt sich daraus leicht auch eine Angst vor der Angst. Diese verstärkt nicht nur die Angst, sondern baut eine Barriere vor der Annäherung an die Angst auf und fördert damit Flucht- und Vermeidungsreaktionen. Aber der Schritt der Annäherung ist auf jeden Fall notwendig, wenn Sie zu einem konstruktiven Umgang mit Ihrer Prüfungsangst gelangen wollen.

Festzuhalten ist:
→ Mit Gedanken, die auf Ihre »Mängel« gerichtet sind, verstärken Sie den Faktor »Besorgtheit« und Ihre Prüfungsangst.
→ Bremsen Sie Ihre Neigung zu Selbstaufmerksamkeit, die ebenfalls Ihre Angst verstärkt.

Der neurotische Anteil von Prüfungsangst

Die Psychoanalyse macht besonders gut verständlich, daß Prüfungsangst zu einer starken Emotion werden kann. Prüfungsangst ist meist ein Gemisch aus realer, d.h. auf reale Gefahrenquellen bezogener Angst und neurotischer Angst. Neurotische Angst entwickelt sich aus unverarbeiteten Konflikten der Kindheit. Sie ist eine auf die Prüfungssituation übertragene Angst (Prahl, 1977).

Die Aussicht, Ihr Können der Autoritätsfigur des Prüfers präsentieren zu müssen, kann alte Gefühle und Konflikte wecken, die im Prozeß der Ich-Bildung in der Auseinandersetzung mit den ehemals mächtigen Elternfiguren entstanden sind. Begehrlichkeiten sind auf den Prüfer gerichtet: Man möchte von ihm »geliebt« werden oder begehrt die Attribute, die er besitzt: sein Wissen, seine Macht, seine Größe. Die Wunscherfüllung bleibt jedoch verwehrt. Statt dessen muß harte Arbeit geleistet und der Nachweis eigener Fähigkeiten erbracht werden. Das führt sehr leicht zu einer Kränkung für das Ich. Erneut spielt sich der Konflikt zwischen Triebwünschen und Über-Ich, der strafenden Instanz, ab: Verlockende Phantasien sind z.B. auf schnellen Erfolg ohne Anstrengung gerichtet, das resultierende schlechte Gewissen wird unterdrückt und auf den feindseligen Prüfer projiziert, der als »böser Zensor« der Wunscherfüllung im Wege steht. Überhöhte Selbstansprüche wecken kindliche Allmachtsphantasien, wie »Eigentlich wäre ich super gut, wenn ich nur könnte, wie ich wollte« und bieten sich als Fluchtweg an. Sie laufen jedoch Gefahr, von der Realität widerlegt zu werden, denn vielleicht wird sich die eigene fachliche Unzulänglichkeit offenbaren. Die Folge davon ist dann eine narzistische Kränkung des Selbstwertgefühls. Die dem Prüfer zugeschriebene fachliche Autorität und Macht rufen nur allzu leicht Gefühle von Ohnmacht und kindlicher Unterlegenheit hervor. Sie können zu Lähmung und Niedergeschlagenheit führen oder zu Aggressionen gegen Prüfer oder Prüfungsgegenstand gewendet werden.

All das sind Momente, die starke Affekte auslösen und die »vernünftige« Ich-Steuerung erheblich beeinträchtigen können. In der Folge kommt es zu regressivem Verhalten, das in den verschiedensten Formen von Flucht und Vermeidung – Aufschieben von Arbeiten, Flucht in Tagträume, exzessives Essen – auftreten kann. Regression, der Übergang zu primitiveren Formen der Entwicklung des Verhaltens, steht im Widerspruch zu einer realistischen Anpassung an die Erfordernisse der Realität. Sie werden sich in diesen Beschreibungen vielleicht auch selbst wiedererkennen. Viele Prüfungskandidaten reagieren bis zu einem gewissen Grad neurotisch, und das ist fast schon wieder normal!

Deshalb Vorsicht! Vorstellungen und Phantasien über Prüfungen sind sehr häufig Übertreibungen und Überzeichnungen. Gedanken und Projektionen können eine Prüfung zu einem Psycho-Drama inszenieren. Das muß aber nicht sein! Dies zu erkennen und den realen Kern der anstehenden Prüfung zu erforschen, stellt einen ganz wesentlichen Schritt auf dem Weg zu einer differenzierten Anpassung an die Realität und damit zu ihrer Bewältigung dar. Darin liegt der eigentliche Entwicklungs- und Reifeschritt. Untersuchen Sie genau, worin die Anforderungen der Prüfung bestehen.

Festzuhalten ist:
→ Phantasien über Prüfung und Prüfer sind häufig irrational.
→ Kritische Realitätsprüfung ist der erste Schritt zur Bewältigung von Prüfungsangst.

Der Prüfer als Angstfaktor

Wenn Examenskandidaten vor der Prüfung über ihre Angstphantasien hinsichtlich der Person des Prüfers sprechen, entsteht das folgende »idealtypische« Bild des Prüfers:

Der Prüfer ist
– männlich,
– an Wissen ungeheuer überlegen,
– hat eine Machtposition inne,
– hat extrem hohe Erwartungen,
– ist unerbittlich streng,

- entscheidet über Sieg oder Niederlage,
- hat böse Absichten, er lauert z.B. darauf, Schwächen des Examenskandidaten zu entdecken und ihn durchfallen zu lassen.

Das Bild scheint weniger die Realität widerzuspiegeln, als vielmehr von dem inneren Bild einer strafenden väterlichen Autorität geprägt zu sein. Prüferinnen treten in den Angstphantasien so gut wie nie auf, was jedoch nicht bedeutet, daß reale weibliche Prüfer keine Angst auslösen. Daß der Prüfer in fachlicher Hinsicht überlegen ist und mehr Macht hat, nämlich die Macht über Sanktionen, trifft zu, wird jedoch enorm überschätzt. Seine Rolle und sein Status werden überhöht wahrgenommen. Das zeigt sich häufig auch in Träumen, in denen der Prüfer auftritt. Dazu das folgende Beispiel:

Eine Studentin der Geographie, die mitten in den Prüfungen des Staatsexamens für das höhere Lehramt steckt, berichtet über ihren Traum: Sie wartet im Prüfungszimmer auf den Prüfer. Es wird ihr mitgeteilt, daß der Papst sie prüfen werde und die Prüfung auf Latein stattfinden werde.

Die furchterregenden Züge des Prüfers sind meist Projektionen der Gefühle des Examenskandidaten. Dessen überhöhte Selbstansprüche und strenge Forderungen des Über-Ichs sind es, die den Prüfer zu einer »hohen richterlichen Instanz« aufbauen. Aggressive Gefühle, die aus der Auflehnung gegen die Autorität des Prüfers resultieren, werden ihm als feindselige Absichten zugeschrieben. Das Angsterleben in der Prüfung ist häufig dafür verantwortlich, daß Horrorstorys über Prüfer erzählt werden, die es eigentlich »nicht bös gemeint« haben: Fragen des Prüfers, die nur ein wenig abweichen von dem vereinbarten Pfad der Themenbearbeitung, erscheinen leicht als heimtückischer Schachzug, um die Schwächen des Kandidaten bloßzulegen.

Darüber hinaus gibt es natürlich auch reale Merkmale des Prüfers, die mehr oder weniger angsterzeugend sind. So ist durch Untersuchungen festgestellt worden, daß die *Zuwendung* des Prüfers zum Prüfling ein ganz entscheidender Faktor ist (Prahl, 1977). Prüfer, die emotional auf den Prüfungskandidaten eingehen – durch Anteilnahme und beruhigende Unterstützung – reduzieren Prüfungsangst ganz nachhaltig. Das Nicht-Reagieren des Prüfers in der Prüfung – das Ausbleiben von bestätigenden Reaktionen sowie das Schweigen gegenüber negativen Leistungen – erhöhen jedoch die Angst. Aber leider können Sie sich Ihre Prüfer nicht immer aussuchen!

Die Teilnehmer an meinen Workshops zur Prüfungsvorbereitung berichteten über folgende besonders angenehme Prüfungserfahrungen:

– Die Prüferin zeigte sich sehr interessiert an dem vorgetragenen Inhalt und machte deutlich, daß sie sogar etwas Neues gelernt habe.
– Der Prüfer zeigte soviel Interesse, daß sich daraus eine Diskussion entwickelte, an der sogar der Beisitzer teilnahm.
– Die Prüferin half bei einem aufgetretenen Blackout, indem sie noch mal zusammenfaßte, was der Kandidat gesagt hatte, und ihm so den Wiedereinstieg ermöglichte.

Demzufolge gibt es also auch Prüfer, die aus der Prüfung eine sinnvolle und befriedigende Veranstaltung machen! Als sehr unangenehm wird jedoch erlebt, wenn ein Prüfer im Gegenteil dazu uninteressiert, gelangweilt oder gar »genervt« reagiert, weil er des Themas überdrüssig ist.

Die in diesen Aussagen über Prüfer enthaltenen Wünsche sind auf das Bild eines »menschlichen Prüfers« gerichtet, das eher mütterliche Züge trägt: Er soll Einfühlung und Wertschätzung zeigen. Erwartungen des Prüfungskandidaten gehen aber auch dahin, daß der Prüfer seine Rolle ernst nimmt und

– dem Prüfungskandidaten Gelegenheit gibt, sein Wissen anzubringen, und sich nicht vorwiegend selbst mit eigener Rede produziert und
– mit voller Aufmerksamkeit dabei ist.

Manche Prüflinge tendieren dazu, sich sehr viele Gedanken über das mögliche Verhalten des Prüfers zu machen, und verstärken damit den Sorgenfaktor. Sie machen sich abhängig von seinem Verhalten und definieren für sich eine passive Rolle. Dies steht im Widerspruch zu einer Besinnung auf die Gestaltungsmöglichkeiten einer aktiven und selbstbestimmten Rolle als Prüfungskandidat.

Von der Beziehungsebene einmal abgesehen sind folgende Aspekte für das Ausmaß bestimmend, in dem Prüfungsangst entsteht:

● die Vorhersehbarkeit der Fragen, die der Prüfer stellen wird,
● die Einschätzbarkeit seiner Beurteilungskriterien und
● die Berechenbarkeit seines Verhaltens.

Die Unberechenbarkeit von Prüfern ist der zentrale Punkt der Horrorstorys, die über Prüfer erzählt werden. Aber Vorsicht, solche Geschichten werden gern ausgeschmückt und dramatisiert. Nehmen Sie sie zum Anlaß, die Realität zu überprüfen. Beschaffen Sie sich eigene, verläßlichere Informationen über den realen Prüfer, die Ihnen dabei helfen können, ihn besser einzuschätzen. Darauf wird im Kapitel »Training für mündliche Prüfungen« (S. 138ff.) genauer eingegangen.

Festzuhalten ist:
→ Angst vor dem Prüfer beruht zu einem Teil auf irrationaler Überzeichnung.
→ Holen Sie Informationen über den »realen« Prüfer ein.

Prüfungsangst läßt sich beeinflussen!

Nun haben Sie wichtige Informationen über Prüfungsangst erhalten und Anhaltspunkte zum Verstehen Ihrer eigenen Beunruhigung gewonnen. Vielleicht stellt sich Ihnen nun die bange Frage, ob gegen Prüfungsangst überhaupt etwas zu machen ist. Damit sind wir jetzt am zentralen Punkt.

Prüfungsangst wird zu einem wesentlichen Teil in Ihrem Kopf hergestellt – durch Ihre Ansichten und Urteile über die Prüfung. Kognitive Beurteilungen und Einstellungen lassen sich beeinflussen und verändern, ebenso wie bestimmte emotionale Reaktionen – und ihre physiologischen Begleitsymptome. Selbst die individuellen Neigungen lassen sich bis zu einem gewissen Grad beeinflussen. Das Erkennen der vorhandenen Reaktionen ist bereits der erste Schritt zur Veränderung. All dies erfordert einen intensiven Lernprozeß.

Ich hoffe, daß ich Sie dazu anregen kann, Schritte in dieser Richtung zu erproben und bei Ihrer Vorbereitung auf die Prüfung anzuwenden. Zuvor ist jedoch ein Schritt nötig, der die Voraussetzung für Ihren Lernprozeß darstellt:

Am Beginn des Prozesses steht das Verständnis Ihrer Persönlichkeit. Wenn Sie Ihre eigenen Gefühle erforscht haben, finden Sie auch den Ansatzpunkt zur Veränderung.

Nehmen wir an, Sie haben festgestellt, daß Ihre Prüfungsangst mit einem starken Druck einhergeht, der mit den Erwartungen Ihrer Eltern zu tun hat. Ihre Eltern erwarten von Ihnen als dem früheren Leistungsbesten in der Schulklasse, daß Sie nun auch ein Uni-Examen »erster Klasse« in Jura ablegen. Sie selbst haben jedoch festgestellt, daß Sie mit Ihrem Leistungsniveau eine mittlere Position besetzen. Dann sollten Sie zuallererst darum bemüht sein, den Leistungsdruck abzubauen. Bedenken Sie, daß Sie sich vielleicht zu sehr von den Ansprüchen Ihrer Eltern abhängig gemacht haben, und überprüfen Sie, worin ein realistisches Anspruchsniveau besteht, d.h. eines, das auch zu Ihren tatsächlichen Voraussetzungen im Fach Jura paßt.

Der Prozeß der Selbsterkenntnis setzt jedoch voraus, daß man die bedrohlichen Gefühle zuläßt. Damit tut sich der schwer, der Prüfungsangst als Schwäche ablehnt. Nach meinen Erfahrungen haben Studenten damit größere Schwierigkeiten als Studentinnen. Nicht zuletzt deshalb nehmen an den Prüfungstrainings, die unsere Psychologische Beratungsstelle an der Hochschule anbietet, wesentlich mehr weibliche als männliche Studierende teil. Vermutlich ist dies darauf zurückzuführen, daß es für Männer weniger akzeptabel ist, sich ihre Prüfungsangst einzugestehen und sich dafür auch noch professionelle Hilfe zu suchen. Von den Männern wird in unserer Gesellschaft erwartet, daß sie mutig sind und keine Angst haben bzw. diese überwinden. Infolgedessen ist der Druck auf männliche Heranwachsende, dies frühzeitig zu lernen, viel stärker als der auf die weiblichen. Die Studenten, die sich bei uns als Teilnehmer der Gruppenangebote einfinden, bringen meist schon eine spezielle Geschichte mit negativen Prüfungserfahrungen mit: Sie sind mindestens einmal durchgefallen oder stehen zum Teil sogar vor ihrer letzten Chance. Nur wenige männliche Teilnehmer kommen einfach nur deshalb, weil sie von ihrer Angst geplagt werden. *Es gehört aber Mut dazu, sich seine Schwächen einzugestehen!*

Wenn Sie Ihre eigene Prüfungsangst besser verstehen und sich z.B. erklären können, daß sie sich aus den Erfahrungen Ihrer Biographie heraus entwickelt hat, dann werden Sie sie auch besser akzeptieren können. Ein Beispiel dazu:

Eine Studentin berichtet im Beratungsgespräch über sich, daß sie sich ständig Gedanken über ihre Schwächen macht, die in der Prüfung deutlich werden könnten: über ihre mangelnde Fähigkeit zum Strukturieren, über ihr unsicheres Auftreten usw. Ihre Phantasien kreisen um Situationen, in denen offenbar werden könnte, daß es ihr an Hintergrundwissen fehlt und daß sie an diesem Mangel scheitern könnte. Sie hat daraus die Konsequenz gezogen, daß sie bis spät in die Nacht hinein arbeitet, um ja keine Wissenslücke entstehen zu lassen. Im Gespräch entdeckt sie, daß sie sich selbst gegenüber eine ganz ähnliche Haltung eingenommen hat, wie sie sie von ihrer Mutter kennt: Diese war sehr ehrgeizig, erwartete von ihrer Tochter nur die besten Schulnoten und kritisierte sie häufig wegen schwächerer Leistungen und kleinerer Fehler, während sie mit Lob geizte.

Vielleicht kommt es Ihnen befremdlich vor, daß Sie Ihre Prüfungsangst akzeptieren sollen. Schließlich wollen Sie Ihre Angst ja loswerden und nicht behalten. »Akzeptieren« wird leicht mißverstanden und gleichgesetzt mit resignativem Hinnehmen. Aber darum geht es nicht! Akzeptieren bedeutet vielmehr, die Prüfungsangst als ein Gefühl, das zu Ihnen gehört, anzunehmen; d.h. sie zu beachten und zu berücksichtigen, daß darin Bedürfnisse und Empfindlichkeiten zum Ausdruck kommen. Diese Art des Akzeptierens wird es Ihnen ermöglichen, fürsorglich – und nicht ablehnend – mit ihr umzugehen und sie zu bewältigen.

Das Ziel des Buches besteht darin, daß Sie den konstruktiven Umgang mit sich selbst und mit Ihrer Prüfungsangst lernen. Voraussetzung dafür ist jedoch, daß Sie Ihre Prüfungsangst besser verstehen und gut einschätzen können, worin Ihre Schwächen bestehen. Erst dann lassen sich daraus Stärken entwickeln.

Festzuhalten ist:
→ Lernen Sie Ihre Prüfungsangst genauer kennen.
→ Sie zu akzeptieren, ist der erste Schritt zur Bewältigung.
→ Lernen Sie den konstruktiven Umgang mit sich selbst!

Prüfungsangst und Motivation

Die realen Gefahren zu überprüfen, erfordert Konfrontation mit der Bedrohung und aktives Unterdrücken von Fluchttendenzen. Daß dadurch zuerst die Angst erhöht wird, liegt nahe, ist jedoch nicht zu umgehen, wenn Sie die Prüfung bewältigen wollen. Die Gefahren gut zu kennen, sie einschätzen zu können, reduziert die Angst. Je mehr Sie über die Prüfung wissen, um so eher können Sie sich dafür rüsten. »Rüsten« deutet auf Kampf. Und darum geht es auch: Ein Wettkampf steht an, dessen Herausforderung Sie selbst gesucht haben, denn Sie haben sich zur Prüfung angemeldet. Deshalb gilt es, sich dafür stark zu machen und gut zu trainieren. Die adäquate Motivation dafür ist eine kämpferische. Wie bei einer Segelregatta erfordert es die Bereitschaft, alle Kräfte einzusetzen, um das Ziel zu erreichen: den optimalen Kurs zu bestimmen, »hart an den Wind zu gehen« und die Wendemanöver exakt zu fahren.

Nutzen Sie Ihre Prüfungsangst als Motor. Sie ist, wie Sie erfahren haben, ein positives Zeichen Ihrer Leistungsbereitschaft und Ausdruck Ihrer Lebendigkeit. Es stellt sich Ihnen nun die Aufgabe, sie in Dienst zu nehmen, sie vielleicht auf das rechte Maß zu drosseln, so daß sie Ihre Leistungsmotivation anregen kann.

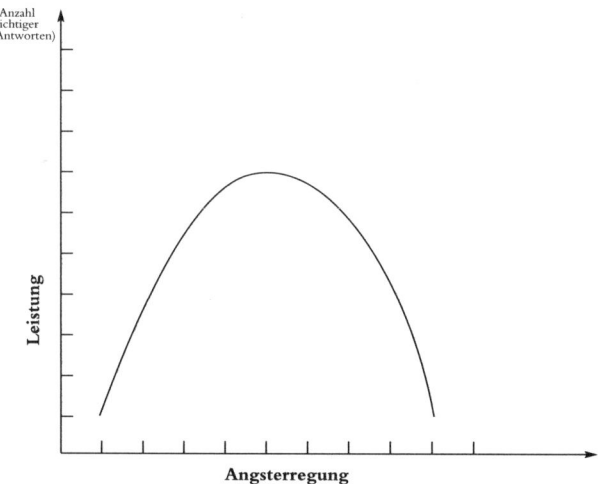

Abbildung 3: Yerkes-Dodson-Regel: Zusammenhang zwischen Angsterregung als Antrieb und Leistung (gemessen als Anzahl der richtigen Antworten), (idealisierte Kurve nach Levitt)

Angsterregung kann die Leistung steigern. Das Yerkes-Dodson-Gesetz stellt folgenden Zusammenhang zwischen Angsterregung, die als Antrieb aufgefaßt wird, und Leistungshöhe fest (Levitt, 1987): Ein niedriges Antriebsniveau wirkt sich ebenso wenig positiv auf die Leistung aus wie ein sehr hohes. Eine mittlere Antriebsintensität führt zu einer optimalen Leistung. Graphisch läßt sich dieser Zusammenhang als eine umgekehrte U-Kurve darstellen (Abbildung 3).

Es gibt also mit anderen Worten so etwas wie eine »optimale Prüfungsangst«. Fast alle, die Prüfungen absolviert haben, staunen später darüber, wieviel sie in der knappen Zeit der Prüfungsvorbereitungs-Phase lernen konnten. Studierende berichten manchmal ganz stolz, wie gut sie plötzlich die Zusammenhänge ihres Fachs verstanden und schließlich ein Gefühl von Kompetenz erlebt haben. Ihre Prüfungsangst hatte also sehr positive Effekte.

Für anspruchsvolle geistige Aufgaben braucht man einen mittleren Erregungspegel und außerdem eine starke und ausdauernde Motivation. Für die Bewältigung von Prüfungen und die Erarbeitung des Prüfungsstoffs reicht Prüfungsangst als alleinige Motivationsquelle nicht aus. Es bedarf außerdem auch *positiver* Ziele, von denen eine Zugkraft ausgeht, das heißt, von denen Sie angezogen werden. Das können sogenannte *Zweckziele* sein, d.h. solche, die außerhalb Ihrer selbst liegen, z.B.:

- das Diplomzeugnis endlich in der Tasche zu haben, damit Sie sich eine Stelle suchen können,
- die Hochschule verlassen zu können, damit Sie sich endlich der Praxis zuwenden können oder
- damit Sie endlich finanziell auf eigenen Beinen stehen können.

Entfernte, in der Zukunft liegende Ziele haben jedoch häufig nicht genügend Zugkraft, um daraus in der aktuellen Situation der Prüfungsvorbereitung Arbeitsmotivation zu beziehen. Deshalb sollten Sie die folgenden Ziele daraufhin überprüfen, ob Sie sich von ihnen herausgefordert fühlen:

- Sie möchten den Durchblick durch bestimmte fachliche Zusammenhänge bekommen.
- Sie möchten lernen, Ihr Fachwissen mündlich gut darstellen zu können.
- Sie möchten feststellen, ob Sie Ihr eigenes Anspruchsniveau, das Sie sich für das Examen gesetzt haben, tatsächlich erreichen.

Das Interesse am Fach selbst, die sogenannte intrinsische Motivation, ist eine starke Motivationsquelle. Aber nicht jeder, der erfolgreich studiert, muß dies aus reinem Sachinteresse tun. Auch Zweckziele sind durchaus wirkungsvoll. Außerdem muß man für nahezu jedes Examen auch Teilgebiete lernen, die sehr trocken sind und kaum Interesse erregen. Dann bedarf es der Motivation durch andere Ziele wie z.B. die oben genannten. Oder Sie greifen zu der Methode, sich selbst Belohnungen in Aussicht zu stellen. Darauf wird bei dem Punkt »Arbeitsplanung« einzugehen sein.

Außerdem lassen sich bei der Prüfungsvorbereitung auch allgemeinere, *außerfachliche* Kompetenzen entwickeln, nämlich

- Selbstorganisation und Arbeitsorganisation,
- kommunikative Kompetenzen, wie das Präsentieren von Wissen, und
- die Fähigkeit, mit Streß umzugehen.

Diese Fähigkeiten benötigen Sie auch in Ihrem zukünftigen Berufsleben. Auch auf solche Ziele könnten Sie Ihre Motivation richten.

Ob aus den genannten Zielen eine tragfähige Motivationsbasis entstehen kann, hängt davon ab, wieviel Ihnen diese Ziele persönlich bedeuten. Im Prinzip gilt, daß Sie aus den Zielen am meisten Kraft beziehen, die Sie für sich selbst anerkennen. Das heißt aber auch, daß es dann problematisch wird, wenn Sie erkennen sollten, daß Sie das Examen lediglich Ihren Eltern zuliebe machen wollen. Ein solches Motiv reicht in den seltensten Fällen aus, um den enormen Aufwand an Arbeit und Lebensenergie erbringen zu können.

In meiner Beratungsarbeit habe ich Studierende getroffen, die erst nach ihrer offiziellen Anmeldung zum Staatsexamen für das Lehramt begriffen – als sie sich mit dem Aufwand an Prüfungsvorbereitung konfrontiert sahen –, daß sie sich noch immer nicht mit ihrem Studienfach identifiziert hatten. Sie konnten deshalb auch nicht mit voller Kraft an ihr Projekt herangehen. In solchem Falle gilt es, die eigenen Ziele erst herauszufinden und vielleicht sogar neue Weichen zu stellen.

Prüfen Sie sich selbst und machen Sie sich bewußt, welches Ihre vorwiegenden Motivationsziele sind. Wenn Sie sich aktiv auf sie besinnen, erschließen Sie sich damit Kraftquellen.

Wir hatten festgestellt, daß Sie für Ihr Prüfungsvorhaben

→ 1. eine kämpferische Motivation brauchen und
→ 2. eine realistische Beurteilung der durch die Prüfung drohenden Gefahren benötigen. Ein dritter Punkt kommt hinzu:
→ 3. Sie brauchen positive Gegenkräfte, mit denen Sie sich stark machen und die Anforderungen bewältigen können.

Sie können sich selbst eine positive Bewältigungsmotivation aufbauen, wenn Sie den folgenden Zusammenhang beachten:

Wie hoch der Grad Ihrer Prüfungsangst ausfällt, hängt von der folgenden Beurteilung ab:

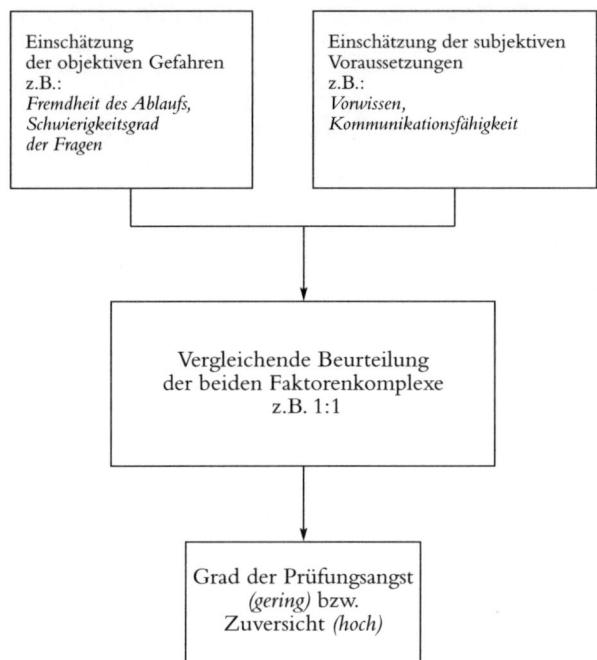

Abbildung 4: Vergleichende Einschätzung von Gefahren und Gegenkräften

Wenn die vergleichende Beurteilung positiv ausfällt, d.h. die Gefahren durch Kräfte auf Ihrer Seite kompensiert werden können, dann werden Sie sich den objektiven Gefahren gegenüber gewachsen fühlen und Zuversicht empfinden können. Diese Gefühle stehen im Widerspruch zu Prüfungsangst. Je mehr Sie tun, um die positiven Kräfte auf Ihrer Seite zu stärken, d.h. je mehr Sie Ihre Fähigkeiten und Strategien verbessern, desto mehr entziehen Sie der Prüfungsangst den Boden – insbesondere dem dominierenden Faktor »Besorgtheit«. Sie sorgen damit aktiv für eine positive Motivation.

Es empfiehlt sich, bewußt und gezielt an die Aufgabe der Einschätzung heranzugehen, denn sie ist die Vorbedingung für den Aufbau einer erfolgsorientierten Prüfungsmotivation. Wie Sie schrittweise dazu gelangen können, werden Sie im Kapitel »Strategien optimaler Prüfungsvorbreitung – Arbeitsplanung und Zeitmanagement« (S. 33ff.) erfahren.

Festzuhalten ist:

→ Besinnen Sie sich auf Motivationsziele, von denen eine positive Zugkraft ausgeht.

→ Bauen Sie sich eine erfolgsorientierte Prüfungsmotivation auf.

→ Stärken Sie die Kräfte auf der Seite Ihrer subjektiven Voraussetzungen.

Literaturtips:

Prahl, H. W., *Prüfungsangst*. Symptome, Formen, Ursachen, München: Nymphenburger, 1977.
Schwarzer, R., *Streß, Angst und Handlungsregulation*, Stuttgart: Kohlhammer, 1993.
Krohne, H.W., *Angst und Angstbewältigung*, Stuttgart: Kohlhammer, 1996.

STRATEGIEN OPTIMALER PRÜFUNGS-VORBEREITUNG – ARBEITSPLANUNG UND ZEITMANAGEMENT

Die Prüfungsvorbereitung – und erst recht die Vorbereitung auf das Abschlußexamen – stellt in der Regel ein umfangreiches Arbeitsprojekt dar. Sie müssen eine Menge leisten und stehen unter Zeitdruck. Das bringt viel Streß mit sich. Nicht umsonst erlebt ein Großteil aller Studierenden diese Zeit als seelisch sehr belastend.

Um dieses Projekt erfolgreich durchzuführen, müssen Sie wissen, wie man es gut organisiert, wie man die knappe Zeit am besten nutzt und wie man seine Energien und Ressourcen schonend einsetzt. Außerdem müssen Sie ein Programm entwerfen, mit dem Sie die Schritte Ihrer Vorbereitung planen. Dafür benötigen Sie unbedingt ein gutes Projektmanagement.

Mit Ihrem Examensprojekt können Sie sich gleichzeitig in den allgemeinen Fähigkeiten üben, die auf dem Arbeitsmarkt für Akademiker besonders geschätzt werden, nämlich

→ Organisationsfähigkeit,
→ die Fähigkeit, sich kurzfristig Wissen anzueignen, und
→ kommunikative Kompetenz, die Fähigkeit, Wissen gut darstellen zu können.

Es lohnt sich also auf jeden Fall, diese Fähigkeiten zu entwickeln.

Sie werden in diesem Kapitel zunächst dazu angeregt, sich einen Überblick über die Prüfungsanforderungen und das anfallende Vorbereitungspensum zu verschaffen. Außerdem lernen Sie die Methode kennen, mit der Sie Ihre verfügbare Zeit ökonomisch einsetzen können: das Zeitmanagement. Es wird Ihnen dazu verhelfen, mit Ihren Energien und Ressourcen sparsam umzugehen und Ihre Arbeitsschritte auf realistische Weise zu planen.

Realistische Bestandsaufnahme

Die Vorbedingung für eine erfolgsorientierte Prüfungsmotivation ist eine realistische Überprüfung der an Sie gestellten Anforderungen und die kritische Bestandsaufnahme Ihrer Fähigkeiten und Ressourcen, mit denen Sie die Prüfungsvorbereitung meistern wollen.

Beginnen Sie mit folgenden Schritten:

→ 1. Informieren Sie sich genau über die Prüfungsanforderungen.
→ 2. Machen Sie eine Bestandsaufnahme Ihrer eigenen Voraussetzungen:
   Stärke/ Schwächen-Analyse durchführen.
→ 3. Entwerfen Sie Ihr Programm der Prüfungsvorbereitung:
   Arbeitsziele und erforderliche Arbeitsschritte bestimmen.

→ 1. Prüfungsanforderungen recherchieren

Um die Kräfte optimal einsetzen zu können, muß man wie bei der Segelregatta das Ziel und die dorthin führende Strecke gut kennen. Deshalb sollten Sie als erstes genau prüfen, was bei Ihrer Prüfung wirklich ansteht, d.h. welche Anforderungen tatsächlich gestellt werden. Dieses Vorgehen hilft, Prüfungen zu entmystifizieren. Wahrscheinlich entdecken Sie bei genauerer Betrachtung, daß Sie das Anspruchsniveau gewaltig überschätzt haben: In der Philosophieprüfung geht es z.B. nicht darum, »2000 Jahre Philosophiegeschichte wiederzugeben« – wie eine Prüfungskandidatin es in meinem Workshop befürchtete –, sondern viel schlichter nur um einen begrenzten Ausschnitt daraus.

Aber Sie sollten genau bestimmen, wie groß der erforderliche Ausschnitt ist, indem Sie sich darüber Informationen verschaffen, z.B.

- anhand von Fragen-Katalogen und Klausuren-Sammlungen zum Prüfungsfach,
- durch Befragen des Prüfers,
- durch Befragung von Kommilitonen,
- durch den Besuch von Prüfungskolloquien und
- die Lektüre von Seminarskripten und Lehrbüchern.

Es ist unbedingt notwendig, die Anforderungen einzugrenzen. Natürlich können Sie damit nicht zu hundert Prozent auf »Nummer Sicher« gehen, aber sorgen Sie für ein »kalkuliertes Risiko«! Auf »alles Mögliche gefaßt sein wollen«, ist nicht zu realisieren. Alles offen zu lassen, gibt nur Anlaß zu Angst und Sorge, ist also kontraindiziert. Legen Sie den Umfang Ihres gesamten Lernstoffes fest. Damit können Sie dem »Riesenberg«, vor dem sich viele Studierende zu Beginn ihrer Examensvorbereitung fürchten, zu Leibe rücken. Machen Sie daraus einen begehbaren Berg, indem Sie die Touren und Etappenziele bestimmen, die auf den Gipfel führen.

Ihre Recherche sollte sich nicht nur auf den Prüfungsstoff, sondern auch auf die folgenden Aspekte beziehen:

- den Prüfungstyp,
- den Prüfungsablauf und
- die Person des Prüfers.

Vom Prüfungstyp ist es abhängig, welche Vorbereitungsmethoden in Frage kommen. Für eine mündliche Prüfung, in der man zunächst einen kleinen Vortrag halten soll, benötigt man eine andere Vorbereitungsstrategie als für eine schriftliche Klausur.

Machen Sie sich ebenfalls kundig über den Ablauf der Prüfung: über den zeitlichen Rahmen, über die Rolle und Aktivitäten, die für den Prüfungskandidaten vorgesehen sind, über die zugelassenen Hilfsmittel etc. Nutzen Sie die in Frage kommenden Informationsquellen.

Besuchen Sie nach Möglichkeit auch offizielle Prüfungen – sofern dabei die Öffentlichkeit zugelassen ist –, bei denen Sie in entspanntem Zustand die Situation und ihre Anforderungen kennenlernen können.

In Prüfungskolloquien können Sie ebenfalls eine Menge darüber erfahren. Fassen Sie sich ein Herz und fragen Sie auch nach den für Sie wichtigen Aspekten.

Auch über Ihren Prüfer sollten Sie sich Informationen beschaffen. Lernen Sie seinen Prüfungsstil kennen. Erkunden Sie seine fachlichen Schwerpunkte und Neigungen. Zögern Sie nicht, Ihren Professor bzw. Ihre Professorin aufzusuchen und sich bezüglich Ihrer Prüfungsvorbereitung beraten zu lassen. Im Kapitel »Training für mündliche Prüfungen – Das Prüfungsverhalten« (S.138) werde ich genauer darauf eingehen.

→ **2. Bestandsaufnahme Ihrer Voraussetzungen**

Der zweite Schritt fordert von Ihnen eine Bestandsaufnahme Ihrer Stärken und Schwächen. Dabei sollten Sie gründlich und ehrlich sein.

Prüfen Sie die folgenden Fragen :

→ 1. Wie gut ist Ihr *tatsächlicher* Wissensstand? Wo bringen Sie bereits gute Kenntnisse mit? Wo haben Sie noch Lücken? Stellen Sie eine detaillierte Liste auf.

→ 2. In welchen erforderlichen Fähigkeiten sind Sie besonders gut? Z.B.: Wie gut sind Ihre analytischen Fähigkeiten, Ihre Fähigkeit, zu strukturieren, Ihr Gedächtnis etc.? Welche Fähigkeiten sind eher schwach ausgeprägt?

→ 3. Wie gut sind Sie in den Strategien, die durch den Prüfungstyp verlangt werden? Z.B.: Wie gut können Sie schriftliche Klausuren unter Zeitdruck schreiben? Woran fehlt es Ihnen?

→ 4. Wie gut schätzen Sie den Stand Ihrer rhetorischen Fähigkeiten für die mündliche Prüfung ein? Was können Sie weniger gut?

→ 5. Wie effizient ist Ihr Arbeitsverhalten? Woran fehlt es bei Ihnen? Welche Ressourcen können Sie auf der Haben-Seite auflisten? Das können motivationale Bedingungen, wie etwa Ihr kämpferischer Mut, oder Eigenschaften wie z.B. Selbstdisziplin und Ausdauer sein.

→ 6. Durch welche äußeren Kräfte werden Sie unterstützt? – Vielleicht durch Ihren Freund, der mit Ihnen auf die Einhaltung Ihrer Arbeitspläne achtet? Woran fehlt es noch? Vielleicht an einer Arbeitsgruppe, mit der Sie gemeinsam Ihr Lernpensum kontrollieren?

Listen Sie Ihre Stärken und Schwächen möglichst konkret auf. Wenn Sie sich Ihre Stärken vor Augen führen, so übt dies einen positiven Effekt auf Ihr Selbstbewußtsein und Ihre Motivation aus. Die Betrachtung der Schwächen und der fehlenden Voraussetzungen sollte Sie unbedingt dazu veranlassen, Maßnahmen zu deren Verbesserung zu planen.

Es werden sich dazu die Fragen stellen:

→ 1. Durch welche Maßnahmen können Sie Ihre Wissenslücken auffüllen? –

Durch ein anregendes Lehrbuch oder die Teilnahme an einem Repetitorium?
Durch die Zusammenarbeit mit einer Arbeitsgruppe?

→ 2. Welche Strategien zur Verbesserung Ihres Arbeitsverhaltens sollten Sie lernen? Vielleicht sollten Sie sich die Methode des aktiven Lesens von Texten aneignen und die Vorgehensweisen dazu, wie man Lehrstoff gut strukturiert?

→ 3. Was sollten Sie tun, um Ihre kommunikativen Fähigkeiten zu verbessern? Sie könnten z.B. einen Rhetorik-Kurs besuchen oder an einem Workshop teilnehmen, wo Prüfungssituationen simuliert und durchgespielt werden.

Zu Beginn Ihrer Prüfungsvorbereitung wird der Vergleich der Prüfungsanforderungen auf der Seite der »Gefahren« und der Gegenkräfte auf Ihrer Seite zunächst nicht sehr positiv ausfallen. Aber wenn Sie dafür sorgen, Ihre fehlenden Voraussetzungen und Schwächen zu kompensieren und durch Lernen zu verbessern, und wenn Sie Ihre vorhandenen Stärken optimal nutzen, dann wird die vergleichende Einschätzung immer besser ausfallen. Damit steigen Ihre Erfolgsaussichten, und Sie werden das Gefühl bekommen, es schaffen zu können. Auf diese Weise arbeiten Sie der Prüfungsangst wirksam entgegen.

Voraussetzung für eine solche erfolgsorientierte Motivation ist jedoch der dritte Schritt:

→ 3. Programm der Prüfungsvorbereitung entwerfen

Entwerfen Sie ein Programm, das von Ihren individuellen Voraussetzungen ausgeht, und überlegen Sie, wie Sie für den anstehenden »Wettkampf« durch gezieltes Lernen und Üben Ihre Kondition verbessern und Ihre Fähigkeiten entwickeln können. Stellen Sie Ihr individuelles Programm auf und bestimmen Sie die Ziele und Methoden Ihres »Prüfungstrainings«.

Ausgehend von den festgestellten Schwachpunkten und den erforderlichen Übungsschritten, sollten Sie möglichst konkret festlegen, was Sie im einzelnen tun wollen.

Für den speziellen Typ der Multiple-Choice-Klausur, bei der Sie unter vorgegebenen Alternativantworten die richtige auswählen sollen, empfiehlt sich eine planvolle Bearbeitungsstrategie, mit der Sie Ihre Zeit optimal nutzen können. Sie sollten diese Art Prüfung vorher gut trainieren. Vielleicht kommt dafür der Besuch einer Trainingsgruppe in Frage; dann reservieren Sie sich dafür Zeit! Auf jeden

Fall sollten Sie das Verhalten in Ihr Übungsprogramm aufnehmen, das in der Prüfung verlangt wird.

Wenn Sie Ihr Programm entworfen haben, wird es darauf ankommen, daß Sie es auch umsetzen und es nicht nur bei »guten Absichten« belassen. Die weiteren Planungsschritte werden Ihnen dabei helfen.

Festzuhalten ist:
→ Die Bestandsaufnahme der Prüfungsanforderungen und Ihrer vorhandenen und noch fehlenden Voraussetzungen verhilft Ihnen dazu, Ihr individuelles Vorbereitungsprogramm zu entwerfen.

Überblick über Prüfungsstoff verschaffen

Verschaffen Sie sich ein vollständiges Bild von dem gesamten Prüfungsstoff. Listen Sie alle Themen auf, auf die Sie sich vorbereiten müssen. Stützen Sie sich dazu auf Ihre eingeholten Informationen.

Fertigen Sie am besten für jedes Fach eine eigene Aufstellung an. Falls Sie sich noch unsicher sind über Themen bzw. Unterthemen, nehmen Sie auch diese mit auf und versehen Sie sie mit einem Fragezeichen.

Für eine übersichtliche Darstellung von Themen und Unterthemen eignet sich als Technik die Cluster-Methode (Rico, 1984; Kruse, 1995) besonders gut. Dabei gehen Sie von einem Kernwort aus, das Sie in die Mitte stellen – in dem Fall Ihr Prüfungsthema – und halten alle dazu gehörigen Themen, Unterthemen und weitere Inhalte in Form von Kreisen fest, die Sie entlang von Ästen und Unterästen gruppieren können. Dazu ein Beispiel:

Die Prüfungskandidatin hat sich als Thema der Vordiplomprüfung im Fach Allgemeine Psychologie »kognitive Lerntheorien« gewählt. Das Cluster stellt dar, welche Unterthemen und Inhalte dazugehören (Abbildung 5).

An dem Cluster können Sie folgendes markieren:
a) Die Schwerpunkte und die Randgebiete Ihres Themas, Inhalte, die Sie unbedingt wissen müssen, und solche, die Sie nur mal gehört haben müssen. In unserem Beispiel würde der Prüfer erwarten, daß Sie neben den kognitiven Lerntheorien auch die behavioristischen Lerntheorien kennen und charakterisieren können. Aber die neobehavioristischen müßten Sie nur oberflächlich kennen

und bestenfalls ganz allgemein beschreiben können. Solche Bewertungen lassen sich entweder graphisch oder durch Farben hervorheben.

b) An diesem Cluster könnten Sie auch aufführen, was Sie dazu an Ausarbeitungen vorliegen haben, z.B. Vorlesungsskripte, Referate, Fotokopien, Lehrbücher etc.

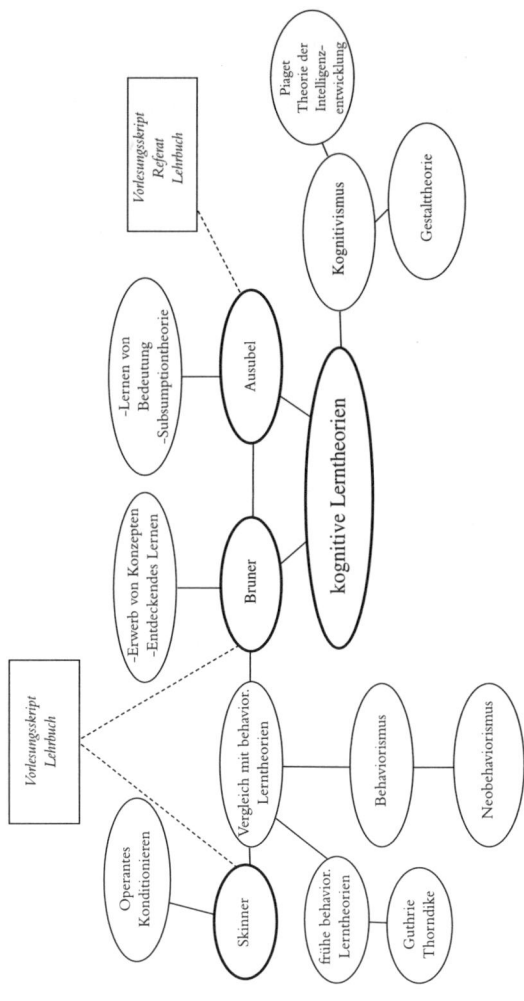

Abbildung 5: Cluster zu kognitiven Lerntheorien

c) Sie könnten daran auch deutlich machen, was Sie schon gut beherrschen und was Sie noch gründlich bearbeiten müssen. Dafür könnten Sie sich z.B. verschiedene Symbole ausdenken.

Festzuhalten ist:
→ Die Cluster-Methode hilft Ihnen dabei, Prioritäten für Ihren Arbeitsplan zu setzen. Sie sollten für Ihre Prüfung auf jeden Fall umreißen, worin das notwendige, unbedingt erforderliche Lernpensum besteht und welche Inhalte eher zu Ihrem Zusatzprogramm gehören, auf das Sie notfalls verzichten könnten.

Bedeutung des Lehrstoffs gewichten

Wenn Sie sich die Sammlung Ihres Prüfungsstoffs anschauen, werden Sie vermutlich feststellen, daß Sie gegenüber den verschiedenen Teilen recht unterschiedliche Bewertungen und Gefühle haben.

- Manche erscheinen Ihnen sehr interessant, andere weniger.
- Einige Teile finden Sie schwer, andere eher leicht zu verstehen.
- Mit manchen sind Sie bestens vertraut, andere müssen Sie sich erst noch erarbeiten.

Sie müssen einschätzen, wie bedeutend der Inhalt für Prüfung oder Prüfer ist oder auch wie dringlich die Bearbeitung zeitlich ist, weil der Prüfungstermin unmittelbar bevorsteht.

Hierbei kann eine Verteilung von Symbolen in der folgenden Art behilflich sein (Acres, 1995):

Wie groß ist Ihr Interesse?	I, I*, I**
Wie gut verstehen Sie den Stoff?	V, V*, V**
Wie leicht ist er?	L, L*, L**
Wie bedeutend ist er für die Prüfung bzw. für den Prüfer?	!, !*, !**
Wie dringlich ist seine Bearbeitung?	T, T*, T**
Wie nützlich ist der Stoff für Sie?	N, N*, N**

Wie relaxed oder ängstlich sind Sie im Umgang mit dem Stoff?   ☺   ☹

Gefällt er Ihnen gut oder haben Sie Aversionen?   +   −

Die Verteilung solcher Symbole liefert Ihnen wichtige Anhaltspunkte für Ihren Arbeitsplan:

- für die Auswahl der Inhalte,
- für die Notwendigkeit ihrer Wiederholung und
- für die Gestaltung ihrer Aufeinanderfolge in Ihrem Arbeitsplan.

Lassen Sie sich Ihre eigenen Aspekte und Symbole einfallen. Bedenken Sie dabei auch den emotionalen Aspekt des Lerninhalts. Er hat eine große Bedeutung für Ihre Arbeitsmotivation. »Ungeliebte« Inhalte lassen sich besser »in kleinen Dosen« lernen. Besonders interessante Zusammenhänge können Sie auch zu kritischen Zeiten lernen, z.B. wenn Sie sich den Einstieg in die Arbeit erleichtern wollen oder wenn Sie »nicht so gut drauf« sind, aber unbedingt noch etwas schaffen müssen.

Festzuhalten ist:

→ Den Prüfungsstoff nach unterschiedlichen Aspekten zu gewichten, macht ihn »faßbarer« und hilft Ihnen, besser einzuschätzen, was bei der Lernphase auf Sie zukommt.

Effizientes Arbeiten durch Zeitmanagement

Mit der Zeit so umzugehen, daß dabei ein befriedigendes Ergebnis herauskommt, gelingt nicht sehr vielen Studierenden. Meist kommt es eher zu Problemen mit der Zeit, wie es an dem Phänomen des »ewigen Aufschiebens« von Arbeit deutlich wird. Spätestens in der Examensphase wird es jedoch unumgänglich, mit seiner Zeit planvoll und »haushalterisch« umzugehen, wenn man die vorgegebenen Fristen und Termine einhalten will.

Eine gute Zeitplanung, mit der Sie absichern, daß Sie bis zu dem Prüfungstermin den erforderlichen Prüfungsstoff tatsächlich gelernt haben, ist jedoch eine ganz wesentliche Voraussetzung dafür, daß Sie mit einem Gefühl von Zuversicht in die Prüfung gehen können. Sie wirken damit dem Auftreten von Prüfungsangst von vornherein entgegen. Wenn Sie im Verlauf der Prüfungsvorbereitung kontinuierlich feststellen, daß Sie die geplanten Schritte und deren Ergebnisse auch tatsächlich erreichen, dann gibt es auch keinen Grund mehr, »das Schlimmste« zu befürchten. Im Gegenteil, Ihre Motivation wird zunehmend erfolgsorientierter ausfallen.

Am besten, Sie fangen gleich jetzt damit an, sich die Methode des Zeitmanagements, bzw., anders ausgedrückt, die realistische Arbeitsplanung zu eigen zu machen.

Bevor ich Ihnen die Schritte im einzelnen vorstelle, möchte ich jedoch zunächst eine kleine Einführung in den Umgang mit Zeit geben; denn es gibt bei vielen Studierenden große Vorbehalte gegenüber einer rationellen Planung von Zeit.

Über den Umgang mit Zeit

Das Studium ist für viele gerade deshalb attraktiv, weil es mit Freiheit verbunden ist – insbesondere mit der Freiheit, über die Zeit verfügen und selbst bestimmen zu können, was man mit ihr anfängt. Das erscheint jenen, die in vorgegebene Zeitstrukturen eingebunden sind – wie in Schule oder Berufsalltag –, sehr verlockend. Uneingeschränkt Zeit zu haben, bietet die Aussicht, »ganz« den eigenen Interessen nachgehen und sich auf eine Sache »voll« einlassen zu können. Diese faszinierende Vorstellung geht häufig mit dem Glauben einher, daß die Zeit unerschöpflich sei.

Im Laufe des Studiums werden jedoch nur allzu bald Erfahrungen gemacht, die diesen naiven Glauben erschüttern:

– Die Zeit zerrinnt zwischen den Fingern.
– Sie verliert ihre Gestalt wie die von Dali gemalte Uhr.
– Nach Wilhelm Busch läuft sie »Eins, zwei, drei im Sauseschritt«.
– Und bei Goethe schafft sie an einem »sausenden Webstuhl«.

Am Ende des Semesters stellen viele Studierende bestürzt fest, daß es schon wieder herum ist, ohne daß sie »etwas Rechtes geschafft haben«. Von den vielen Seminaren, die sie regelmäßig besuchen wollten, sind nur ganz wenige übriggeblieben. Viele Bücher blieben ungelesen oder sind bestenfalls nur angelesen. Andere persönliche Pläne – wie die Reise nach New York oder Segeln zu lernen – blieben ganz auf der Strecke. Hartnäckige Probleme mit »dem Anfangen« der Arbeit oder mit deren Aufschieben haben sich eingestellt.

Die Studierenden, die außer ihrem Studium noch andere Pflichten haben, z.B. einem Job nachzugehen und vielleicht auch für ihr Kind zu sorgen, machen sehr hautnah die Erfahrung, daß Zeit ein knappes Gut ist, das nicht beliebig vermehrt werden kann. Das wird immer dann spürbar, wenn gleichzeitig viele verschiedene Ziele und Aufgaben da sind. Das Hochgefühl von Freiheit verliert sich bald, und es stellt sich das schale Gefühl ein, die Zeit nicht richtig genutzt und nicht das getan zu haben, was man eigentlich tun wollte. Bei genauerer Betrachtung ist man nicht »Herr« oder »Herrin über seine bzw. ihre Zeit« gewesen, sondern »Diener aller Herren« und Spielball der Ereignisse. *Was man braucht, um die freie Disposition über Zeit zu nutzen, ist Zeitsouveränität, eine Kompetenz, die gelernt sein will.* Sie ist besonders für die Phase Prüfungsvorbereitung sehr wertvoll.

Zeitsouveränität entwickeln durch Zeitmanagement

Zeitsouveränität gewinnen Sie, wenn Sie sich die Methode des Zeitmanagements zu eigen machen (Schräder-Naef, 1993). Diese erfordert die folgenden drei grundlegenden Schritte:

→ 1. *Ziele bestimmen,*
→ 2. *Zeitbewußtsein entwickeln,*
→ 3. *adäquate Wege auswählen.*

→ 1. Ziele bestimmen

Grundvoraussetzung für einen befriedigenden Umgang mit Zeit ist die Klärung der eigenen Ziele. Erst wenn man sich diese bewußt macht, fordern sie zu Entscheidungen heraus, z.B. darüber, welchen Sie Priorität einräumen wollen und welche Sie unter »ferner liefen« einordnen. Wenn man kein klares Ziel vor Augen hat, kann man auch nicht wissen, wo man ankommt. Es läßt sich dann schlecht steuern. Zur Klärung der Ziele gehört auch ganz wesentlich, ob Sie selbst hinter Ihren Zielen stehen, ob Sie sich mit ihnen identifizieren können.

Dazu einige Beispiele:

Wenn Sie z.B. erkannt haben, daß es weniger für Sie selbst als vielmehr für Ihre Eltern wichtig ist, daß Sie das Examen in einem halben Jahr geschafft haben, dann sollten Sie es sich nicht antun, sich unter einen solchen Außendruck zu stellen. Finden Sie statt dessen heraus, welches die für Sie selbst passende Zeitspanne ist.

Der Wunsch, die nächsten Semesterferien »mal so richtig zu genießen«, wird sich schwer erfüllen lassen, wenn Sie nicht klären, was Sie unternehmen möchten und *worin* der Genuß bestehen soll.

Oder: Wenn Sie sich z.B. für die anstehende Prüfung vorgenommen haben, die Lücken, die Sie in dem Fach haben, aufzuholen und es offenlassen, worauf sich diese genau beziehen und was Sie demzufolge nachholen müssen, wird sich daraus vielleicht nur ein schlechtes Gewissen entwickeln, das der Motivation eher abträglich ist.

→ *Deshalb sollten Sie Ihre Ziele möglichst konkret machen!*

→ 2. Zeitbewußtsein entwickeln

Man muß einschätzen können, wieviel Zeit bestimmte Arbeiten erfordern – die schriftliche Ausarbeitung, die mündliche Vorbereitung auf die Prüfung. Dies setzt eine realistische Vorstellung davon voraus, daß wissenschaftliches Arbeiten und das Lernen am Schreibtisch sehr zeitaufwendig sind und die geistige Aufnahmekapazität demgegenüber zeitlich begrenzt ist. Meistens verschätzt man sich dabei und überfordert sich anschließend mit überhöhten Zielvorgaben. Zudem erfordert es von Ihnen, daß Sie die Zeit realistisch beurteilen lernen, die Sie selbst brauchen für bestimmte Arbeiten und – nicht zu vergessen – auch für Ihr eigenes Wohlergehen.

→ *Deshalb sollten Sie es sich zur Gewohnheit machen, Arbeitsprotokolle zu führen und Ihre Zeiten festzuhalten!*

→ 3. Adäquate Wege auswählen

Wenn die Ziele bestimmt sind, kann man auch über die Wege nachdenken, wie man die Ziele am besten erreichen kann. Darin liegt die Chance, frühzeitig zu entdecken, ob man realistische Ziele gewählt hat und ob die geplanten Methoden angemessen und ökonomisch sind. Sie sollten deshalb gut überlegen, welche Arbeits- und Lernmethoden Sie bei Ihrer Prüfungsvorbereitung anwenden wollen.

Zeitmanagement ist bei genauerer Betrachtung nicht nur eine Methode, die Zeit ökonomisch zu handhaben, sondern führt auch dazu, bewußter zu leben. Sie fordert von Ihnen, zu klären, wofür Sie Ihre Zeit investieren möchten und wofür nicht. Sie sorgt auch dafür, daß Sie »Ihre Wünsche beim Schwanz packen«, indem Sie sie konkret machen; denn wenn Sie sich z.B. wünschen, segeln zu lernen, dann stellt sich die Frage nach den Schritten, die Sie unternehmen müssen, um das Ziel zu erreichen, z.B. wo Sie Ihren Segelschein machen wollen, wieviel Zeit Sie für Theoriekurs und praktische Segelstunden investieren müssen, an welchen Tagen Sie dies tun wollen usw.

Mit Zeitmanagement können Sie absichern, daß Sie Ihre Ziele auch tatsächlich erreichen, eben auch das Ziel, die Prüfung erfolgreich zu absolvieren. Damit Sie nicht zum gehetzten Opfer werden, sondern die Regie über Ihre Zeit führen, sollten Sie sich frühzeitig mit den Regeln des Zeitmanagements vertraut machen.

→ *Es empfiehlt sich, die Methode des Zeitmanagements auf die Phase der Prüfungsvorbereitung anzuwenden.*

Zeitmanagement –
Die Methode realistischer Arbeitsplanung

Wenn Sie sich einen Überblick verschafft haben über das für die Prüfung erforderliche Arbeitspensum, dann kommt es darauf an, daß Sie es in Ihrem Plan unterbringen. Der Arbeitsaufwand wird groß und die verfügbare Zeit relativ knapp sein, denn vermutlich werden Sie eine »Deadline« haben, bis zu der Sie alles geschafft haben müssen. Außerdem erstreckt sich die Prüfungsvorbereitung meist über einen langen Zeitraum. Und vermutlich gibt es in Ihrem Leben auch noch andere Ziele, auf die Sie nicht verzichten möchten. Diese Situation verlangt geradezu nach guter Planung und Organisation! Für das Projekt »Das Examen schaffen« benötigen Sie eine effiziente Planungsmethode, die Sie im folgenden kennenlernen werden.

Sie wird Ihnen auch dann helfen, wenn Sie

— Schwierigkeiten mit dem »Anfangen« haben,
— die Arbeit immer wieder »aufschieben« oder
— trotz großen Zeitaufwands erleben, daß »nicht viel dabei herauskommt«.

Die Methode der realistischen Arbeitsplanung ist die beste Therapie gegen solche Arbeitsstörungen.

Zu dieser Planungsmethode gehören zwei Arten von Plänen:

→ 1. der *Allgemeine Plan* und
→ 2. der *Wochenplan*.

Mit dem *Allgemeinen Plan* verschaffen Sie sich die Übersicht über die bis zu einem Endtermin insgesamt anstehenden Ziele und Aufgaben.

Mit dem *Wochenplan* verteilen Sie die einzelnen Aufgaben und Aktivitäten auf die jeweilige Arbeitswoche.

Diese Art der Planung ist das beste Mittel, um dem »Riesenberg« von Arbeit, vor dem sich viele Prüfungskandidaten sehen, zu Leibe zu rücken. So läßt er sich nämlich auf seine realen Proportionen reduzieren! Bevor wir auf Einzelheiten der realistischen Arbeitsplanung eingehen, zunächst jedoch ein Blick auf Ihre innere Einstellung dazu.

Studierende haben nach meiner Erfahrung gegenüber der Zeit- und Arbeitsplanung viele Vorurteile. Aus meinen Workshops kenne ich die folgenden Meinungen:

– Nach Plan leben bedeutet Fremdsteuerung,
– Planung macht Spontaneität zunichte,
– Zeitpläne machen ist spießig,
– Kreativität braucht Chaos und nicht Planung.

Zu welcher Meinung tendieren Sie? Prüfen Sie die Argumente, was spricht jeweils dagegen?

Hier noch einmal die wichtigsten Punkte, die für die Planungsmethode sprechen:

→ 1. Planung verlangt, Ziele zu klären und sie sich bewußt zu machen. Sie fordert Entscheidungen zu treffen und Prioritäten zu setzen. *Sie klären damit Ihre eigenen Ziele.*
→ 2. Wenn Ziele definiert sind, kann man auch über die Wege der Zielerreichung nachdenken. *Damit können Sie Zeit sparen und sich Freiräume schaffen, die Sie dann auch spontan nutzen können.*

→ 3. Und schließlich ist damit die Voraussetzung für den Erfolg geschaffen: Wenn die Ziele definiert sind, kann man auch feststellen, ob man sie erreicht hat. *Kreativität führt nur dann zu sichtbarem Erfolg, wenn man auch für die Realisierung sorgt. Und das erfordert viele kleine Arbeitsschritte.*

Die Schritte zur Erstellung des Allgemeinen Plans

→ 1. Auflistung aller Ziele

Sie benötigen dafür eine Auflistung Ihrer Ziele, d.h. *aller* Ziele, die Sie bis zum Termin Ihrer Prüfung erreicht haben wollen. Das umfaßt Ihre *Arbeitsziele* und – nicht zu vergessen – Ihre sonstigen *persönlichen Ziele* wie den Urlaub, den Sie mit Ihrem Partner verbringen möchten. Am besten stellen Sie dafür zwei getrennte Listen auf:

– »Liste 1« für Arbeitsziele und
– »Liste 2« für sonstige persönliche Ziele.

Formulieren Sie Ihre Ziele so konkret wie möglich!

→ 2. Bestandsaufnahme der erforderlichen Arbeitsschritte

Nehmen Sie eine gründliche *Bestandsaufnahme der Arbeitsschritte* vor, die Sie im einzelnen bis zu Ihrem Prüfungstermin leisten müssen. Stellen Sie sich z.B. die Frage:

– Was muß ich im einzelnen leisten, um in der mündlichen Prüfung einen kleinen Vortrag halten zu können?
– Was müssen Sie noch an Literatur beschaffen? Was davon müssen Sie lesen, wie genau?
– Was fällt an weiteren Arbeiten an, wenn Sie ein kleines Vortragsmanuskript für die Prüfung ausarbeiten wollen? – Stoffsammlung, Gliederung und Konzept entwerfen, Rohmanuskript schreiben usw.
– Das Üben des Vortragens, zuerst allein und anschließend vor anderen usw.

→ 3. Schritte zur Realisierung der persönlichen Ziele

Tun Sie dies ebenfalls mit Ihren persönlichen Zielen: Welche einzelnen Schritte sind erforderlich, z.B. um den Segelschein zu machen?

– Die Teilnahme an Theoriekursen,
– das Lernen für die theoretische Prüfung,
– die praktischen Segelstunden,
– die erforderlichen Transferzeiten usw.

→ 4. Zeitaufwand für Arbeitsschritte kalkulieren

Der nächste Schritt führt Sie zu der Einschätzung der für die jeweiligen *Arbeitsschritte erforderlichen Zeit*. Versuchen Sie auf jeden Fall, den Zeitaufwand einzuschätzen, auch wenn es Ihnen schwerfällt. Lieber grob schätzen als gar nicht! Halten Sie sich dabei an Ihre Erfahrungen mit ähnlichen Arbeiten. Also fragen Sie sich konkret: Wieviel Zeit benötige ich für dieses Buch, wenn ich es gründlich durcharbeiten will? Schätzen Sie die Anzahl der Arbeitsstunden ein.

→ 5. Verpflichtungen und Freizeitaktivitäten auflisten

Listen Sie weiterhin auf, was an Verpflichtungen und sonstigen – erfreulichen – Aktivitäten anfällt. Das ist Ihre »Liste 2«. Dazu gehören möglicherweise Ihr Job, die Besuche bei den Eltern, die Arbeit im Haushalt, die ja auch sein muß, und Ihre gewohnten Freizeitaktivitäten – die Besuche im Sportstudio, das Radfahren oder was Ihnen sonst Spaß macht. Es ist sehr wichtig für eine erfolgreiche Planung, daß Ihre normalen Lebensbedürfnisse und Interessen nicht zu kurz kommen. Andernfalls wird sich Ihr Organismus mit Arbeitsunlust oder gar Krankheit rächen.

→ 6. Eigene Arbeitskapazität einschätzen

Außerdem müssen Sie einschätzen, wieviel Arbeitszeit Sie sich selbst pro Tag realistischer Weise zutrauen. Dabei heißt es ehrlich sein! Ihre *durchschnittliche* Kondition ist gefragt und nicht irgendwelche, meist überhöhte, Sollwerte. Also: Wie lange halten Sie es aus, allein am Schreibtisch zu sitzen und sich die theoretischen Inhalte eines Lehrbuchs zu erarbeiten? Auf der Basis einer solchen Bestandsaufnahme können Sie dann realistisch planen. Wenn Sie sich ehrlicherweise eingestehen, daß es nur 2–3 Stunden sind, dann bauen Sie Ihre Kalkulation eben darauf auf. Das ist auf jeden Fall besser, als sich selbst etwas vorzumachen und sich damit zu überfordern.

→ 7. Den gesamten Zeitrahmen bestimmen

Verschaffen Sie sich einen Überblick über Ihre tatsächlich verfügbare Zeit, wenn Sie sonstige Verpflichtungen und verbindliche Termine – z.B. durch Job und Familie vorgegeben – abziehen. Berechnen Sie, wie viele Arbeitstage es bis zum Abschluß des Vorhabens sind. Berücksichtigen Sie dabei, daß Sie vermutlich auch ein Wochenende haben wollen wie andere »normale Leute« – zumindest einen ganzen Weekend-Tag, den sie »frohen Herzens genießen« können. Prüfen Sie genau, ob Sie Ihr Pensum und den nötigen Zeitaufwand auch tatsächlich darin unterbringen können. Wenn nicht, dann gilt es auf jeden Fall, daraus Konsequenzen zu ziehen und die Planung zu verändern.

→ 8. Übersichtsplan mit Etappenzielen erstellen

Auf dieser Basis läßt sich dann der Übersichtsplan erstellen. Verteilen Sie die Aufgaben und Arbeitsschritte auf die gesamten Wochen bis zu Ihrer Deadline. Nehmen Sie Ihre sonstigen Verpflichtungen und Aktivitäten mit in den Plan auf. Stellen Sie Etappenziele auf.

→ 9. Pufferzeiten einplanen

Planen Sie von vornherein *Pufferzeiten* mit ein. Das sind Zeiten, die Sie offenlassen – für unvorhergesehene Ereignisse oder einfach, um Zeit in Reserve zu haben –.

Prinzipien für den Wochenplan

Auf jeden Fall sollten Sie Ihren Plan schriftlich fixieren und ihn nicht nur »im Kopf behalten«. Erst dann wird er klar und überprüfbar. Empfehlenswert für die schriftliche Fixierung ist ein sogenannter »Timer« oder »Filo«, ein Wochenterminplaner mit Seiten für die einzelnen Tage, der Ihnen genügend Platz für Ihre geplanten Arbeitsziele und Termine einräumt.

Ausgehend von den Etappenzielen Ihres Übersichtsplans können Sie nun die Arbeitsschritte auf Ihre Arbeitswoche verteilen. Dabei sollten Sie folgende Prinzipien beachten:

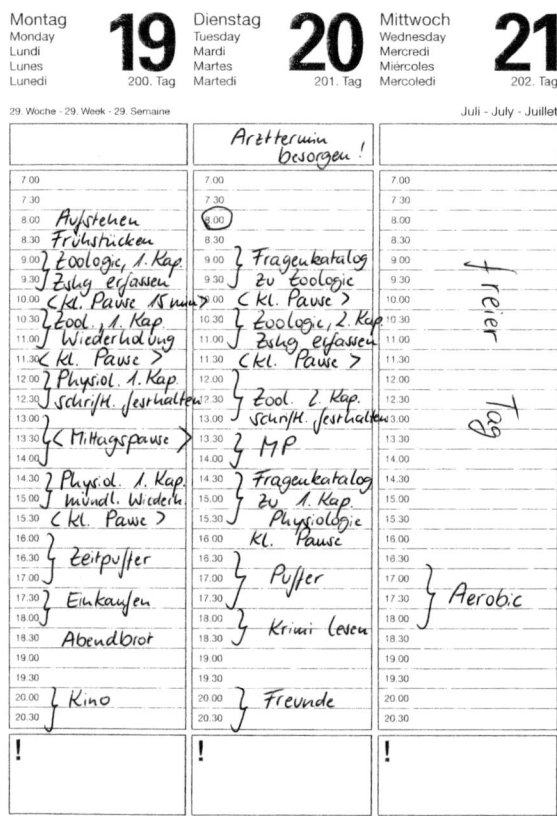

Abbildung 6: Beispiel Arbeitsplanung

→ 1. Verteilung der Aktivitäten auf den Wochenplan

Tragen Sie Ihre festen Termine ein: den Besuch von Seminaren, Ihre Jobtätigkeit und Ihre regelmäßigen Freizeitaktivitäten. Verteilen Sie die Arbeitsschritte und Aufgaben auf die Woche. Reservieren Sie in Ihrem Wochenplan auch die offenen Freizeiten, d.h. den Raum, den Sie für Muße und spontan zu gestaltende Freizeitvergnügungen vorgesehen haben. Damit erhöhen Sie die Attraktivität Ihres Plans! Falls Sie der Methode des Zeitmanagements noch immer reserviert gegenüber stehen, empfehle ich Ihnen, mit der Freizeitplanung zu beginnen. Das erweist sich meist als guter Einstieg.

→ 2. Den Umfang der Arbeitsphasen bestimmen

Gehen Sie von der für Sie realistischen Arbeitszeit pro Tag aus und verplanen Sie nur zwei Drittel davon, indem Sie dafür Ihre Arbeitsziele festlegen. Das bedeutet, wenn Sie z.B. für den Montag 6 Arbeitsstunden festgelegt haben, dann sollten Sie nur für 4 Stunden die Arbeitsaufgaben konkret bestimmen. Die restlichen 2 Stunden sollten Sie offenlassen für das, was vielleicht noch unerwartet anfällt – z.B. an erforderlicher Vertiefung oder Wiederholung. Oder Sie merken, daß die Arbeit doch aufwendiger ist als vermutet. Falls gar nichts mehr anfällt, weil Sie tatsächlich alles in den 4 Stunden geschafft haben, stehen die zwei Stunden zu Ihrer freien Verfügung.

→ 3. Individuelle Leistungskurve berücksichtigen

Wählen Sie für Ihre Arbeit am Schreibtisch Ihre guten Zeiten, d.h. die Zeiten, in denen Sie besonders wach und konzentriert sind. Das muß nicht immer der Vormittag sein, der allgemein als leistungsintensivste Phase gilt – siehe Abbildung 7 – (vgl. Schräder-Naef, 1994). Aber Vorsicht vor den Zeiten, die in den Abend hineinreichen oder gar in die Nacht! Bedenken Sie auch, daß Sie gerade am Abend mit interessanten Alternativangeboten rechnen müssen, die Ihre guten Absichten leicht gefährden können. Außerdem werden Sie vermutlich auch mehr Zufriedenheit empfinden, wenn Sie am Abend auf die Leistung des Tages zurückblicken können, als wenn Sie Ihr Pensum bis in den Abend hinein noch vor sich haben.

Sie sollten Ihre individuellen Arbeitsgewohnheiten berücksichtigen, aber leider gibt es auch schlechte Gewohnheiten, die beibehalten werden, ohne daß sie gute Ergebnisse erzielen. Das gilt z.B. für die sogenannte Nachtarbeit, d.h. die Arbeit nach 22 Uhr. Bei manchen Studierenden ist sie das Resultat ihrer Tendenz zum Aufschieben von Arbeiten. Die Kurve der allgemeinen psycho-physiologischen Leistungsbereitschaft (Abbildung 7) weist darauf hin, daß trotz des Absinkens Arbeit noch möglich ist, daß jedoch dafür ein größerer psychischer Aufwand erforderlich ist und infolgedessen die Arbeit viel erschöpfender ist als zu Tageszeiten. Außerdem ist zu bedenken, daß sich auch die Schlafenszeiten in den Tag hinein verschieben. Dadurch wird jedoch die erholsame Wirkung des Nachtschlafs beeinträchtigt.

→ **4. Aufteilung in Arbeitseinheiten und Pausen**

Unterteilen Sie Ihre Arbeitsphasen am Schreibtisch in kleinere Einheiten, an deren Ende eine kurze Pause stehen sollte. Als günstiges Maß hat sich eine Dauer von $1^1/_2$ Stunden, gefolgt von einer etwa fünfzehnminütigen Pause, herausgestellt. Es gilt natürlich auch den Lerngegenstand zu berücksichtigen. Für anstrengende, aber gleichförmige Aufgaben – wie Mathematikaufgaben oder das Übersetzen von

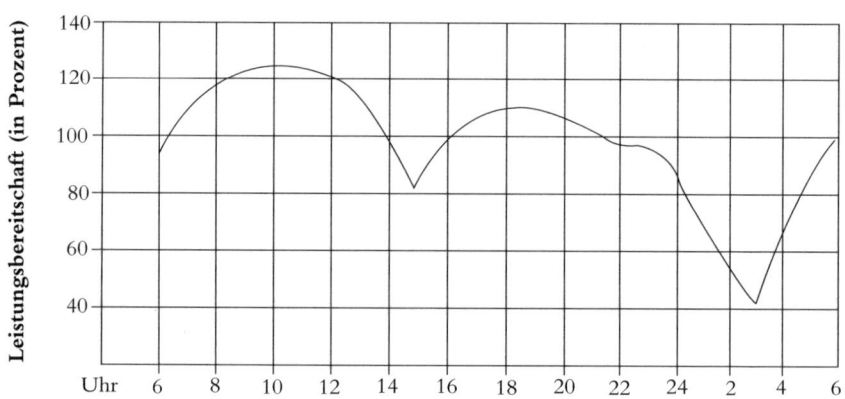

Die günstigsten Arbeitszeiten liegen morgens zwischen acht und zwölf Uhr und am späten Nachmittag. Zu einem Leistungsabfall kommt es um die Mittagszeit zwischen 14 und 15 Uhr und in der Nacht (Erholungszeiten).   Quelle: Graf, O., in: Naef, R. D., a.a.O.

Abbildung 7: Schwankungen der physiologischen Leistungsbereitschaft über 24 Stunden

Texten – kommen nur halbstündige Einheiten in Frage, während für einen komplexen Strukturzusammenhang eine längere Arbeitseinheit erforderlich ist. Prüfen Sie auf jeden Fall, wie anstrengend die Aufgaben für *Sie persönlich* sind und ob die Unterbrechung Ihren Lernprozeß beeinträchtigt.

→ 5. Festlegen der Zeiten für Arbeiten und Pausen

Legen Sie feste Zeiten für Beginn und Beendigung Ihrer Arbeit am Schreibtisch fest und tragen Sie sie in Ihren Timer ein.

Überlassen Sie dies auf keinen Fall Ihrer Neigung oder Ihrer Lust auf Arbeit. Nur allzu leicht geraten Sie dabei in Gefahr, sich selbst auszutricksen. Delegieren Sie die Entscheidung über das Anfangen an den Plan, statt auf den zähen Prozeß der »inneren Willensbildung« zu hoffen. Legen Sie ebenfalls die Zeiten für die Pausen fest. Sie schaffen sich damit eine Struktur des Arbeitstages. Das macht ihn überschaubar und leichter zu bewältigen.

Regelmäßige Arbeitszeiten tragen dazu bei, Gewohnheiten bzw. Arbeitsroutinen auszubilden, die das Hineinkommen in die Arbeit und das Durchhalten erleichtern. Gewohnheiten haben eine enorme Stabilität, das merken Sie leider auch an den schlechten. Sorgen Sie deshalb ganz bewußt für gute Arbeitsgewohnheiten.

→ 6. Pausenregelung

Nach einer Arbeitseinheit sollten Sie für eine kurze Pause von 10–15 Minuten sorgen. Es empfiehlt sich, vor dem Eintritt in die Pause das Ergebnis Ihrer Arbeit, bzw. den erreichten Stand kurz zusammenzufassen, damit Sie dann um so besser davon Abstand nehmen können. Öffnen Sie anschließend Geist und Sinne für Ihre Pause. Füllen Sie sie mit einer angenehmen, entspannenden Tätigkeit – wie z.B. Blumengießen, den Kater kraulen oder eine Übung im Autogenen Training –, nicht jedoch mit Arbeiten im Haushalt, die Ihnen die Laune verderben könnten. Und vermeiden Sie auf jeden Fall Tätigkeiten wie das Telefonieren mit Freunden, von denen Sie auf ganz andere Wege geführt werden könnten. Berücksichtigen Sie dabei auch die Schwankungen Ihrer Leistungsbereitschaft. In der Mittagszeit benötigt man in der Regel eine längere Pause – siehe Abbildung 7 –, um den Leistungsabfall auszugleichen. Lassen Sie sich etwas einfallen, um anschließend wieder eine gute Kondition zu bekommen. Sorgen Sie am besten für Bewegung und Sauerstoffzufuhr.

→ 7. Arbeitsziele konkret machen

Bestimmen Sie, worin das Arbeitsergebnis bestehen soll. Es reicht nicht aus, wenn Sie lediglich die Seitenzahlen eines Kapitels festlegen, das Sie lesen wollen. Versuchen Sie zu konkretisieren, ob Ihr Ziel darin besteht, »den Inhalt in Stichworten schriftlich festzuhalten« oder ob Sie ihn anschließend »in eigenen Worten wiedergeben wollen«. Sie steigern damit Ihre Konzentration auf das Ziel hin und sorgen aktiv für greifbare Fortschritte, die Sie obendrein sichtbar machen und in Ihrem Plan abhaken können. Das ist am Ende des Arbeitstages sehr befriedigend. Gerade für das langwierige Bearbeiten von wissenschaftlichen Texten ist dieses Prinzip sehr förderlich. *Machen Sie es sich am besten zur Regel, nie mit der Arbeit anzufangen, bevor Sie nicht das Ziel klar benannt haben.*

→ 8. Fortlaufendes Revidieren des Plans

Nicht immer lassen sich alle gesteckten Ziele erreichen. Es gibt dafür auch Gründe, denen Sie nachgehen sollten. Vielleicht haben Sie die Schwierigkeit des Textes unterschätzt oder Ihre eigene Arbeitsfähigkeit überschätzt. Dann sollten Sie daraus Konsequenzen ziehen und überlegen, auf welche Weise Sie sich den Text besser verständlich machen können und welche Hilfen Sie dafür in Anspruch nehmen sollten oder auch, wie Sie Ihre Arbeitsmotivation verbessern können. Das Nicht-Erreichen der Arbeitsziele ist kein Grund, den Arbeitsplan über den Haufen zu werfen. Es sollte vielmehr Anlaß dazu geben, daß Sie ihn an die neuen Bedingungen anpassen und verändern. Betrachten Sie ihn als ein Begleitinstrument, mit dem Sie in flexibler Weise umgehen und Ihren Arbeitsprozeß fortlaufend kontrollieren und entsprechend gestalten.

→ 9. Belohnungen in Aussicht stellen

Stellen Sie sich selbst Belohnungen in Aussicht. Auch bei Erwachsenen wirken Belohnungen motivationssteigernd. Sie sind um so wichtiger, wenn sonst niemand da ist, der Sie belohnen könnte. Die kleine Belohnung für kleinere Ziele – z.B. der Blumenstrauß für das Durchhalten von relativ trockenen Arbeitsschritten – oder die größere – z.B. der Besuch in Ihrem Lieblingscafé für eine harte Arbeitswoche – können durchaus als Anreize wirken oder auch den Stolz über den erreichten Erfolg verstärken.

→ 10. Phantasie anwenden auf die Gestaltung der Arbeitswoche

Mit kluger Gestaltung können Sie Ihren Arbeitsplan attraktiv machen.
   Wenn Sie
- für einen angenehmen Wechsel von Arbeits- und Freizeit sorgen,
- die Lernformen und -methoden abwechslungsreich gestalten,
- für angenehme äußere Arbeitsbedingungen an Ihrem Schreibtisch und in der Umgebung sorgen,
- und sich einige »Highlights« für die Woche in Aussicht stellen, auf die Sie sich so richtig freuen können,

dann wird es Ihnen tatsächlich gelingen, Ihre gesteckten Ziele zu erreichen.

Gute Arbeitsbedingungen schaffen

Da Sie bei der Prüfungsvorbereitung sehr viel Zeit pro Tag und über eine lange Phase hin am Schreibtisch verbringen müssen, sollten Sie für einen guten Arbeitsplatz sorgen. Sie werden sicher einen eigenen Schreibtisch haben. Ist er so beschaffen, daß er Ihre Arbeit fördert? Dazu im folgenden eine Checkliste.

Fragebogen zu Ihrem Arbeitsplatz:

→ Ist Ihr Schreibtisch groß genug, so daß Sie Ihre notwendigen Arbeitsmaterialien darauf ausbreiten können?
→ Befinden sich darauf ausschließlich die Arbeitsmaterialien, die Sie unmittelbar benötigen, oder ist er beladen mit unüberschaubaren Stapeln von Büchern, Zeitschriften etc.?

→ Ist Ihr Schreibtisch so aufgeräumt, daß Sie sich an ihm wohl fühlen?

→ Sind sonstige, nicht zu Ihrer Arbeit gehörende Schriften außer Reichweite gebracht?

→ Ist Ihr Schreibtisch tatsächlich ein *Arbeitsplatz* und damit frei von sonstigen einladenden und unterhaltsamen Objekten?

→ Ist Ihr Arbeitsplatz gut beleuchtet? Mit blendfreiem Licht, ohne daß Sie ständig in eine Lichtquelle schauen müssen?

→ Haben Sie eine angenehme Aussicht oder – falls Ihr Zimmer das nicht möglich macht – haben Sie einen schönen Blick auf Pflanzen, ein Poster oder ähnliches?

→ Ist Ihr Arbeitsstuhl so beschaffen, daß Sie gut darauf sitzen können und keine Verspannungen und Rückenschmerzen bekommen?

→ Fühlen Sie sich an Ihrem Schreibtisch wohl? Oder möchten Sie am liebsten gleich die Flucht antreten?

→ Fühlen Sie sich an Ihrem Schreibtisch als eine wichtige Person, die eine bedeutende und anstrengende Arbeit vor sich hat?

Wenn Sie die letzte Frage mit Nein beantwortet haben, dann sollten Sie unbedingt überlegen, woran es fehlt und was dieses Gefühl fördern könnte. Ich schlage Ihnen dazu vor, sich in folgende Situation zu versetzen:

Stellen Sie sich vor, Sie haben die Aufgabe, für eine Person, die Sie sehr schätzen und bewundern und die in den nächsten sechs Monaten eine wichtige wissenschaftliche Arbeit fertigstellen muß, einen Arbeitsplatz einzurichten, an dem sie sich wohl fühlt und erfolgreich arbeiten kann.
Wie würden Sie ihn gestalten?

Machen Sie dazu einen Entwurf. Und dann richten Sie Ihren eigenen Arbeitsplatz dementsprechend ein, denn Sie sind die bedeutende Person, die eine wichtige Arbeit zu leisten hat.

Literaturtips:

Kruse, O., *Keine Angst vor dem leeren Blatt*. Ohne Schreibblockaden durchs Studium, Frankfurt/New York: Campus Verlag, 1995.
Kirkhoff, M., *Mind Mapping*. Einführung in eine kreative Arbeitsmethode, Bremen,1992.
Schräder-Naef, R., *Keine Zeit? Zeit-Erleben und Zeit-Planung,* Weinheim: Beltz Quadriga, 1993.
Schräder-Naef, R., *Rationeller lernen lernen*, Weinheim: Beltz Bibliothek, 1994.

STRATEGIEN UND METHODEN OPTIMALEN LERNENS FÜR DIE PRÜFUNG

Bei Ihrer Prüfungsvorbereitung stehen Sie vor dem folgenden Dreieck:

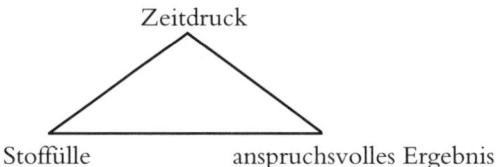

Zeitdruck

Stoffülle   anspruchsvolles Ergebnis

Sie stehen unter Zeitdruck, müssen viel Stoff lernen und obendrein wird von Ihnen ein ziemlich anspruchsvolles Ergebnis erwartet. Sie sollen in der Prüfung zeigen, daß Sie den Stoff beherrschen. Ihn nur halbwegs richtig wiedergeben zu können, wird nicht ausreichen. Statt dessen erwartet man von Ihnen,

- einen Beweis, daß Sie den Prüfungsstoff verstanden haben, d.h. z.B.,
  den Prüfungsstoff in eigenen Worten darstellen zu können,
  Schlußfolgerungen und Querverbindungen ziehen zu können usw.
- daß Sie mit den Fachbegriffen umgehen können, d.h. z.B.,
  die Begriffe erläutern und auf Beispiele anwenden zu können usw.

Erwartet werden also recht anspruchsvolle und komplexe Operationen, für die Sie Ihre Denkfähigkeit einsetzen müssen. Und außerdem ist Ihre verfügbare Zeit knapp. Um die Anforderungen des Dreiecks erfüllen zu können, benötigen Sie effiziente Lernmethoden, d. h. solche, mit denen Sie Ihre begrenzte Zeit gut nutzen und gleichzeitig zu einem guten Lernergebnis gelangen können. Solche Lernmethoden werden Sie im folgenden kennenlernen.

    Betrachten Sie die Aufgabe der Prüfungsvorbereitung als Herausforderung, und trainieren Sie Ihre Denkfähigkeit. Hierfür sollten Sie auf jeden Fall möglichst aktive Formen des Lernens verwenden. Mechanisches Auswendiglernen wird Ihnen nicht viel nützen, da diese Art des Lernens sehr stark von der Vergessenskurve beeinträchtigt wird. Es wird zu wenig davon hängen bleiben, um in der Prüfung gut abschneiden zu können.

Effiziente Lernmethoden –
Das Prinzip des aktiven Lernens

Effizient sind Lernmethoden nur dann, wenn sie auch für gutes Behalten sorgen, und Sie infolgedessen die Prüfungsinhalte sicher gespeichert haben. Natürlich müssen Sie das Gelernte auch wiederholen, um es im Gedächtnis zu behalten. Aber Wiederholen allein reicht dafür nicht aus und ist wenig effektiv. Wie durch zahlreiche Lernexperimente festgestellt werden konnte, ist der Grad des Behaltens bzw. des Vergessens im wesentlichen von folgenden zwei Faktoren abhängig:

● von der Art des Lernstoffs und
● von der Lernmethode.

Wenn das Lernmaterial sinnvoll, gut gegliedert und obendrein einfach ist, wird es besser und länger behalten, als wenn es sinnlos, ungegliedert und schwierig ist. Abbildung 8 zeigt diesen Zusammenhang: Für dieses Experiment wurden verschiedene Texte so lange gelernt, bis sie sicher beherrscht wurden, und anschließend in

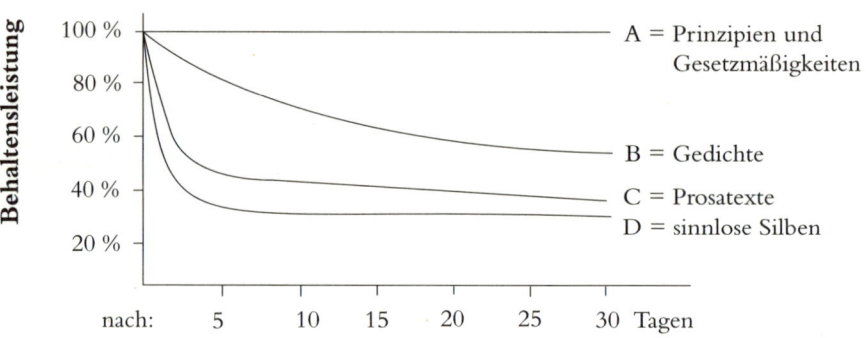

Abbildung 8: Behaltensleistung in Abhängigkeit vom Lernmaterial im zeitlichen Verlauf (nach Naef, 1994)

einem zeitlichen Abstand bis zu 30 Tagen wiederholt abgefragt (nach Maddox, 1963).

Dabei wurde festgestellt, daß das gut strukturierte, sinnvolle Material – eben Prinzipien, Gesetzmäßigkeiten und logische Strukturen – nahezu hundertprozentig behalten und so gut wie gar nicht vergessen wird. Demgegenüber werden sinnlose Silben – das sind willkürlich aus jeweils 2 Konsonanten und einem Vokal gebildete Silben (z.B. »lim«, »toq« etc.) –, also das am wenigsten strukturierte Material am schlechtesten behalten. Die anderen Texte liegen dazwischen. Gedichte werden aufgrund ihrer formalen Strukturen, zu denen die Reime und der Rhythmus gehören, gut behalten. Was folgt daraus?

Bei der Prüfungsvorbereitung läßt sich die Art des Lernstoffs nur begrenzt auswählen. Aber bei der Wahl der Lernmethode haben Sie Freiheitsgrade. Wenn Sie das Ziel verfolgen, sich den Sinnzusammenhang Ihres Lernstoffs zu erarbeiten und auf das Erfassen von Prinzipien und Strukturen ausgerichtet sind, dann gewinnen Sie Einsicht in den Stoff. Diese Art des Lernens ist dem mechanischen Auswendiglernen weit überlegen. Wie man das strukturierende Lernen lernt, erfahren Sie im Kapitel »Strategien und Methoden optimalen Lernens für die Prüfung – Strukturierendes Lernen« (S. 75ff.).

Ein weiterer Faktor, der sich sehr positiv auf das Behalten auswirkt, ist das Ausmaß an Aktivität, das in das Lernen gesteckt wird. *Aktives Lernen bedeutet, daß Sie Lernen weitgehend durch Denken ersetzen.* Je mehr Sie beim Lernen geistig aktiv sind, um so besser erschließen Sie sich den Lehrstoff und sorgen gleichzeitig für eine solide Speicherung in Ihrem Gedächtnis. Eine der wichtigsten Aktivitäten ist dabei das Fragen stellen.

Wenn Kinder in das Vorschulalter kommen und zu denken anfangen, stellen sie beständig Fragen nach dem Warum. Warum ist das so? Warum heißt der Baum Baum? Warum gibt es Sterne? Warum gibt es Eltern? Solche Fragen sind ungeheuer wichtig für die Entwicklung der kindlichen Intelligenz. Sie stehen am Übergang zu einer neuen Entwicklungsstufe, wo Kinder sich ablösen von der Anschaulichkeit der Wahrnehmungsphänomene, ihre Denkoperationen entwickeln und zu einem Instrumentarium herausbilden.

Mit dem Fragenstellen erschließt man sich die Welt – auch die Welt der Wissenschaft. Die elementare Fähigkeit, Fragen zu stellen und damit seine Neugier zu befriedigen, haben viele Studierende im Laufe ihres Studiums verlernt. Sie ist ihnen aus Respekt vor der Wissenschaft und ihren Vertretern fast abhanden gekommen. Die in den Seminaren vorherrschende akademische Sprache ermuntert nicht gerade dazu, naive Fragen zu stellen. Sie erscheint abstrakt, schwer verständlich und vorzugsweise für Eingeweihte dazusein. Sie ruft das beklemmende Gefühl hervor, daß es an einem selber liegt, wenn man sie nicht versteht. Um mitreden zu können, muß man sich erst diese Sprache aneignen und – wie manche Kritiker anmerken – den Bluff mitmachen (Wagner, 1992). Keiner möchte gern als naiv und unbedarft dastehen und vermeidet es lieber, sich mit naiven Fragen bloßzustellen – es sei denn, seine Frage drückt eine höhere Stufe des kritischen Denkens aus. Dabei sind es gerade die scheinbar naiven Fragen, die dazu zwingen, einer Sache auf den Grund zu gehen und sie zu erhellen. Ungefragt übernommene Inhalte sind bestenfalls Vokabeln, aber keine Denkansätze. Sie führen nicht dazu, sich konkret mit ihnen zu befassen.

Deshalb sollten Sie, falls es nicht bereits zu Ihrer Lernmethode gehört, das Fragenstellen wieder lernen. Mit dem Fragenstellen machen Sie sich selbst das Wissen begreiflich und anwendbar. Indem Sie sich z.B. fragen, wie ein bestimmtes Phänomen charakterisiert werden kann, von welchen Bedingungen es abhängt, wodurch man es beeinflussen kann etc., versuchen Sie, es in ein System zu bringen und erschließen sich damit eine Struktur.

Diese Form des strukturierenden Lernens kann man auch als »Tiefenlernen« bezeichnen. Sie verankern dabei die neuen Informationen in einer allgemeinen Struktur. Im Gegensatz dazu wird beim sogenannten »Oberflächenlernen« vorwiegend auf der Ebene der Wörter und assoziativen Bedeutung gelernt, ohne den differenzierten Zusammenhang genau zu durchdringen. Diese Form des Lernens ist flüchtiger und führt nicht zu gesichertem Behalten. *Also: Aktives Lernen bedeutet Fragen stellen.*

Machen Sie sich die folgende Maxime zu eigen:
→ Gehen Sie immer mit eigenen Fragen an Ihre Texte heran, Fragen wie:
  – Warum ist das so?
  – Wie hängt A mit B zusammen?
  – Welche Aspekte sind die wichtigsten?
  – Wie kann man das am Beispiel deutlich machen? usw.
→ Erschließen Sie sich das Wissen mit Hilfe von Fragen.

Wenn Sie selbst Schwierigkeiten haben, Fragen zu Ihrem Lernstoff zu formulieren, lassen Sie sich von anderen befragen – von Ihrem Partner bzw. Ihrer Partnerin und Ihren Freunden. Die Fragen von Laien zwingen einen dazu, Sachverhalte grundlegend und anschaulich zu erklären. Das verlangt von Ihnen, daß Sie sie selber gut verstanden haben.

In meinen Workshops zur Examensvorbereitung stelle ich häufig die Aufgabe, das Thema der eigenen Examensarbeit den anderen Studierenden, die aus den verschiedensten Studienfächern kommen, vorzustellen und verständlich zu machen. Das Publikum bekommt dabei verschiedene Rollen zugeschrieben, z.B. sich als eine Gruppe von neugierigen Dreizehn- bis Vierzehnjährigen zu verhalten oder als Teilnehmer eines Volkshochschulkurses und entsprechende Fragen zu stellen. Die Spielsituation ermuntert die Teilnehmer dazu, alle möglichen Fragen zu stellen. Die befragten »Autoren« der Arbeit stoßen dabei häufig auf wichtige Erkenntnisse, z.B. auf Unklarheiten bezüglich des Aufbaus und des Schwerpunkts der Arbeit, auf Schwächen in der Begründung von Methoden oder auch auf gänzlich neue Aspekte.

Festzuhalten ist:
→ Effizient wird Ihr Lernen dann, wenn Sie von Anfang an für aktives Denken sorgen und Ihr Wissen in geordnete Zusammenhänge bringen.
→ Mit Fragen aktivieren Sie Ihren Geist und erschließen sich die Struktur Ihres Lernstoffs.

Der nächste Schritt sollte darin bestehen, die Strukturen herauszuarbeiten. Das können Sie tun, indem Sie die Inhalte ordnen und gliedern und sie übersichtlich und anschaulich darstellen. Wie Sie dabei vorgehen können, erfahren Sie in den Kapiteln »Strategien und Methoden optimalen Lernens für die Prüfung – Strukturierendes Lernen« (S. 75) sowie »Anwendung des strukturierenden Lernens auf theoretische Texte« (S. 79).

Das Prinzip des aktiven Lernens liegt auch der Methode des aktiven Lesens zugrunde, die Sie zunächst im Kapitel »Strategien und Methoden optimalen Lernens für die Prüfung – Vorbereitung zum Lesen von Fachliteratur« (S.62ff.) kennenlernen werden. Sie soll Sie dazu instand setzen, mit dem großen Pensum an Stoff, den Sie lesen müssen, in effizienter Weise umzugehen. Bevor Sie die Methode anwenden, sollten Sie jedoch einige Vorbereitungen treffen (vgl. Schräder-Naef, 1994).

Vorbereitung zum Lesen von Fachliteratur

Fachbücher und Fachzeitschriften enthalten eine Fülle von Informationen. Die Inhalte sind vorwiegend abstrakt, häufig auch kompliziert und meistens in einer schwer verständlichen Sprache geschrieben. Ihre Lektüre erfordert deshalb viel Zeit und intensive geistige Anstrengung.

Nicht alles, was wichtig und interessant erscheint, kann man lesen, schon gar nicht gründlich lesen. Deshalb sollten Sie vorab gut prüfen, mit welchen Inhalten Sie sich beschäftigen wollen bzw. müssen, und eine bewußte Auswahl treffen. Auf jeden Fall müssen Sie den Mut zur Lücke aufbringen, und Sie müssen sich vorher Gedanken darüber machen, wo Sie Lücken in Kauf nehmen und wo Sie für fundierte Kenntnisse sorgen wollen. Deshalb sollten Sie vor jedem Lesen folgende Vorbereitungen treffen.

→ **Wählen Sie die Texte gut aus!**

Machen Sie es von dem Stoffplan Ihrer Prüfungsvorbereitung und den dabei gesetzten Prioritäten abhängig, welche Texte Sie sich vornehmen wollen.

→ **Führen Sie eine Vorprüfung Ihrer Fachliteratur durch!**

Haben sie tatsächlich das richtige Buch zu Ihrem Thema herausgesucht?

- Können Sie z.B. den Autor des Buches einschätzen? Ist er ein anerkannter Experte auf dem Fachgebiet oder nur ein Lehrbuchautor?
- Gibt der Verlag Hinweise auf die Art der Fachliteratur? Vielleicht auch auf den weltanschaulichen oder wissenschaftstheoretischen Hintergrund?
- Welche Hinweise ergeben sich aufgrund des Erscheinungsjahres und der Auflage des Buches? Ist das Buch auf dem aktuellen Stand der Diskussion?

→ Machen Sie sich zunächst vertraut mit dem Inhalt des Buches!

Verschaffen Sie sich als erstes einen Gesamteindruck vom Inhalt des Buches. Schauen Sie sich deshalb zuerst die informativen Aussagen über das Buch selbst an: Vorwort, Inhaltsverzeichnis, Einleitung, Klappentext und die Kapitelüberschriften. Lesen Sie die Zusammenfassungen am Ende der Sie interessierenden Kapitel. Stellen Sie sich die folgenden Fragen:

● Was behandelt das Buch? Worin besteht seine Zielsetzung?
● Was für eine Art Buch ist es? Lehrbuch, Monographie, Ergebnisbericht etc. ?
● Welche Schwerpunkte und Hauptteile hat es?
● Wie ist es aufgebaut? Wie viele Kapitel enthält es? Wovon handeln die Kapitel?
● Vertritt der Autor eine bestimmte theoretische Position, Schule oder Methode?
● Wie gut verständlich ist es geschrieben?
● Welches sind die für Sie wichtigen Kapitel? Welche sind ganz irrelevant?

Stellen Sie sich dabei die Aufgabe, den globalen Gesamteindruck des Buches charakterisieren zu müssen. Die Ergebnisse dieser Einschätzung sollten Sie am besten auf einer Karteikarte festhalten, die Sie dann für weitere Bearbeitungsvorgänge nutzen können.

→ Bestimmen Sie Ihr Leseziel!

Klären Sie, ob Sie die ausgewählten Teile des Buches entweder ganz gründlich durcharbeiten oder nur oberflächlich anschauen wollen. Vielleicht suchen Sie ja auch nur etwas Bestimmtes, z.B. ob der Autor auf eine bestimmte Streitfrage eingeht. Es ist wichtig, daß Sie sich Ihr Leseziel bewußt machen. Andernfalls verlieren Sie sich nur allzu leicht in breitem Herumlesen oder in passiv-rezeptivem Lesen. Beide Arten sind wenig effizient. Außerdem ist von der Art Ihres Leseziels die in Frage kommende Lesemethode abhängig. Der nächste Schritt lautet nämlich:

→ Bestimmen Sie Ihre Lesemethode!

Es lassen sich folgende Lesemethoden unterscheiden:

- Das *orientierende* oder auch *kursorische* Lesen, bei dem man die Seiten in raschem Tempo überfliegt, die Blicke über größere Einheiten gleiten läßt und auf wichtige Stellen wie z.B. Überschriften, Übersichten und Zusammenfassungen achtet.
- Das *selektive* Lesen, bei dem Sie gezielt bestimmte Informationen heraussuchen und diese aufmerksam lesen.
- Das *strukturierende* Lesen, bei dem man langsam und gründlich vorgeht und sich die Zusammenhänge verständlich macht (Zielke, 1988).

Machen Sie sich bewußt, bevor Sie mit dem Lesen anfangen, welche Methode Sie einsetzen wollen. Damit klären Sie gleichzeitig Ihr Arbeitsziel – eine ganz wesentliche Voraussetzung für effizientes Arbeiten! (Vergleichen Sie dazu Kapitel »Strategien optimaler Prüfungsvorbereitung – Über den Umgang mit Zeit«, S. 42)

Aktives Lesen – Die SQ3R-Methode

Was verbirgt sich hinter dem Kürzel SQ3R? Die Buchstaben stehen jeweils für einzelne Schritte, die Sie beim Lesen machen sollten. Sie beziehen sich auf die Schritte »Survey – Question – Read – Recite – Review«.

Entwickelt wurde diese Methode von Robinson (1961) für amerikanische Studierende – daher die Bezeichnungen. Auch im deutschsprachigen Raum hat sie große Resonanz gefunden (Schräder-Naef, 1994). Es gibt darüber hinaus noch andere Lesemethoden, die jedoch im Grunde lediglich spezifische Abwandlungen der SQ3R-Methode darstellen (vgl. Stary & Kretschmer, 1994). Zunächst zu den fünf Schritten des aktiven Lesens:

→ »S« wie Survey

meint, daß Sie sich zunächst einen Überblick über Ihren Lesestoff verschaffen sollten. Diesen Schritt haben wir bereits als Teil der Vorbereitung auf die Lektüre eines Buches besprochen. Er gilt in gleicher Weise für kürzere Einheiten, z.B. Aufsätze oder Buchkapitel. Prüfen Sie dabei auch, wie das Kapitel aufgebaut ist, wo die besonders informativen Abschnitte liegen, ob es sich vorwiegend um theoretische Inhalte oder statistische Daten handelt usw. Verschaffen Sie sich damit zunächst ein Gesamtbild. Förderlich für das Lernen und Behalten wirkt sich aus, wenn Sie zuerst eine Grobstruktur aufbauen, die Sie anschließend mit Inhalt füllen. Sehr aufschlußreich sind dabei die Kapitelüberschriften, die besonderen Anlaß zum Fragenstellen bieten. Wie differenziert Ihre Fragen zu dem Schritt **S** ausfallen, hängt natürlich auch von dem zweiten Schritt ab, dem **Q** wie Question.

→ »Q« wie Question

sieht vor, daß Sie sich die Fragen bewußt machen, die Sie an den Text stellen wollen. Erwarten Sie z.B., daß Sie lediglich die Grundbegriffe kennenlernen wollen? Oder wollen Sie vielleicht prüfen, ob der Autor speziell zu der These oder Hypothese Ihres eigenen Themas Aussagen macht? Klären Sie Ihr spezielles Leseinteresse und formulieren Sie Ihre Fragen. Wollen Sie eine bestimmte Theorie genau und bis in die Details kennenlernen, oder genügt Ihnen ein Blick auf den theoretischen Hintergrund des Autors? Entscheiden Sie dann, welches die für Sie relevanten Abschnitte sind, die Sie unbedingt genau lesen wollen und welche Teile Sie einfach nur überfliegen.

Fragen könnten z.B. sein:

- Welche Informationen erwarten Sie?
- Was wissen Sie schon über das Thema, und was wollen Sie darüber hinaus erfahren? Was wissen Sie noch nicht?
  Stellen Sie, ausgehend von den Kapitelüberschriften, Fragen an den Text:
- Was sagt der Text zu Punkt A, wie ist der genaue Zusammenhang zwischen A und B? Wie wird der Prozeß Y beschrieben?

Schreiben Sie die Fragen am besten auf, wenn der Text für Sie wichtig ist und Sie die Informationen auch behalten wollen. Es fördert Ihre Konzentration beim Lesen ungemein, wenn Sie den Text lesen und dabei die Fragen präsent haben.

→ »R« wie Read

ist der nächste Schritt. Beginnen Sie erst dann zu lesen, wenn Sie Ihre Fragen geklärt haben. Nachdem Sie entschieden haben, welche Teile die für Sie relevanten sind, beginnen Sie mit der Lektüre. Nehmen Sie die Aussagen des Textes aufmerksam auf, vollziehen Sie sie nach und prüfen Sie dabei Ihre Fragen. Nicht immer werden alle Ihre Fragen beantwortet. Und manchmal finden Sie ganz neue Informationen und Aussagen, auf die Sie mit Ihren Fragen selbst noch gar nicht gekommen sind. Gehen Sie deshalb flexibel mit Ihren Fragen um, erweitern und differenzieren Sie sie beim Vorgang des Lesens. Aber tun Sie dies aktiv, indem Sie sich selbst darauf hinweisen.

Markieren Sie beim Lesen zur weiteren Bearbeitung die für Sie wichtigen Stellen und auch diejenigen, die noch unklar sind. Arbeiten Sie mit Farbstiften und »Markern«, und machen Sie Randnotizen. – Meine Empfehlung geht natürlich davon aus, daß Sie keine ausgeliehenen Bücher, sondern Kopien, Skripte und eigene Bücher vor sich haben!

Lesen Sie nicht zu viel auf einmal. Es sind noch weitere Lesevorgänge vorgesehen.

→ »R« wie Recite

bedeutet wiedergeben. Bevor Sie mit dem Aufschreiben beginnen, stellen Sie sich die Aufgabe, in eigenen Worten zusammenzufassen, was Sie gelesen haben. Beantworten Sie damit Ihre Fragen, trennen Sie das Wichtige vom Unwichtigen. Und schreiben Sie auf, was für Sie wichtig ist. Klären Sie, was Sie noch nicht erfahren haben, und versuchen Sie, das, was Sie erfahren haben, zu beurteilen und einzuordnen, z.B. ob es sich um eine bekannte Theorie oder um eine ganz neue Auffassung handelt, ob z.B. nur Meinungen wiedergegeben werden oder ob eine stringente Beweisführung vorliegt usw. Schreiben Sie die für Sie relevanten Informationen anschließend auf. Fassen Sie es möglichst kurz und knapp in Stichworten zusammen.

→ »R« wie Review,

das dritte **R** sieht vor, daß Sie sich die unklaren Stellen im Text noch einmal vornehmen und daß Sie, ausgehend von Ihren Fragen und Erkenntnissen, eine vertiefende Lesekontrolle durchführen. Anschließend können Sie Ihre Notizen ergänzen.

Als Ergebnis des aktiven Lesens haben Sie die für Sie relevanten Informationen festgehalten und das Gerüst des Textes vor Augen.

> *Festzuhalten ist:*
> Mit der SQ3R-Methode sorgen Sie dafür,
> → daß Sie gezielt und selektierend an den Text herangehen,
> → daß Sie mit geschärfter Aufmerksamkeit und gebündelter Konzentration lesen und
> → damit die Vorbedingung für gutes Verständnis und Behalten schaffen.

Zum Schluß ein kleiner Test:
Welche Schritte des Lesens verbergen sich hinter der Formel SQ3R?

S: ....

Q: ....

R: ....

R: ....

R: ....

Im folgenden finden Sie ein Merkblatt zur SQ3R-Methode, das die wesentlichen Informationen dazu kurz und knapp wiedergibt.

Merkblatt: Aktives Lesen (SQ3R-Methode nach Robinson)

SURVEY: Überblick gewinnen
Sich mit dem Buch vertraut machen, erste Hinweise über Aufbau und Inhalt gewinnen.
Bei Büchern: Blick auf Klappentext, Vorwort, Inhaltsverzeichnis und Einleitung.
Bei Artikeln: Abschnitte überfliegen und Zusammenfassung lesen.

QUESTION: Fragen an den Text stellen
Welche Informationen erwarten Sie von dem Text? Warum lesen Sie ihn? Welchen Bezug hat er zu dem Thema, an dem Sie arbeiten? Schreiben Sie Ihre Fragen auf!

READ: Lesen
Nachvollziehen der Hauptaussagen eines Abschnitts. Dabei die Fragen berücksichtigen. Markieren der wichtigen oder auch unklaren Stellen im Text. Neue Fragen mit aufnehmen. Nicht zuviel auf einmal lesen!

RECITE: Rekapitulieren
Zusammenfassung des Gelesenen in eigenen Worten. Trennung von Wichtigem und Unwichtigem, das Wichtige notieren. Bezug zu anfangs gestellten Fragen herstellen und neue Informationen berücksichtigen!

REVIEW: Wiederholung
Unklare Stellen nochmals lesen. Weitere Vertiefung und Ergänzung der Notizen.

Anwendbarkeit der Methode des aktiven Lesens

In meinen Workshops zur Examensvorbereitung werden zu dieser Methode häufig die folgenden Fragen gestellt:

— Kann man Fragen an Texte stellen, wenn man den Inhalt noch nicht kennt?
— Ist die Methode nicht viel zu aufwendig und unökonomisch?
— Kommt sie auch für naturwissenschaftliche Lehrbücher, die viele Daten und Fakten sowie komplizierte Zusammenhänge enthalten, in Frage?

Ja, man kann auch dann Fragen stellen, wenn man noch nichts von dem Inhalt weiß. Man kann z.B. sein Interesse klären und sich fragen, was man wissen möchte. Man kann ausgehen von der Überschrift und sich fragen, was einem an Assoziationen dazu einfällt oder was man hinter dem Thema vermutet.

Wenn Ihnen keine spezielleren Fragen einfallen, dann stellen Sie die klassischen »W-Fragen«: Was, wann, wo, wie und warum?

Dazu ein Beispiel:

Angenommen, Sie stoßen zum ersten Mal auf das Phänomen der »REM-Phase« des Schlafes? (REM ist die Abkürzung von rapid-eye-movements.) Dann könnten Sie sich als naiver Leser fragen:

— Was versteht man darunter?
— Wann tritt der REM-Schlaf auf?
— Worauf weist er hin?
— Wie wurde er entdeckt?
— Warum ist er bedeutsam?

Vielleicht fallen Ihnen dann auch weitere Fragen ein wie: »Welche andere Arten von Schlaf gibt es? Ist er lebensnotwendig?«

(Aufklärung: Die REM-Phase mit raschen Augenbewegungen, erhöhter Herz- und Atemfrequenz tritt in Traumphasen des Schlafes mehrmals pro Nacht auf.)

Ist die Methode zu aufwendig? Das ist sie nicht, wenn Sie die ersten drei Schritte ernst nehmen und genau prüfen, an welchen Informationen Sie interessiert sind und wenn Sie dazu konsequente Entscheidungen treffen.

Sogar beim Lesen von Zeitungen ist es hilfreich und ökonomisch, gezielt mit eigenen Fragen an die Lektüre heranzugehen. Sie werden dabei eher den Mut zur Lücke aufbringen und aufmerksamer lesen. Wie leicht verliert man sich in der Lektüre, wenn man irgendwo anfängt und so lange liest, bis man keine Lust mehr hat! Natürlich können Sie dabei die Schritte Recite (Rekapitulieren) und Review (Wiederholen) und das Aufschreiben weglassen; es sei denn, Sie wollen die Informationen z.B. für Gespräche mit anderen besser verfügbar haben. Dann empfiehlt sich zumindest das Rekapitulieren. Das schriftliche Notieren ist für die Inhalte wichtig, die Sie später zusammenhängend wiedergeben müssen.

Für das Durcharbeiten von *naturwissenschaftlichen Lehrbüchern* empfiehlt es sich, alle Schritte des aktiven Lesens anzuwenden. Bevor Sie noch keine Fragen im Kopf formuliert haben, sollten Sie nie mit dem Lesen beginnen! Stellen Sie zunächst allgemeine Fragen wie »Was weiß ich noch nicht und muß es noch lernen?«. Probieren Sie es mit allgemeinen Kategorien – mit der Suche nach Oberbegriffen und Klassifikationen, z.B. »Zu welcher Gruppe von Vitaminen gehört dieses Vitamin – zu den fettlöslichen oder zu den wasserlöslichen?«.

Ein Beispiel zur Veranschaulichung:

Angenommen, Sie müssen sich Kenntnisse über die Schilddrüse im menschlichen Körper aneignen und wissen noch ganz wenig darüber, dann könnten Sie folgendermaßen herangehen:

– Was ist eine Schilddrüse? Ein Organ oder was sonst?
– Woraus besteht sie?
– An welcher Stelle befindet sie sich?
– Welche Funktionen im Körper hat sie?
– Welche Störungen der Schilddrüse gibt es?
– Wie wirken sich diese auf den Körper aus? Usw.

Die Fragen wirken hierbei als *advanced organizer*, d.h. als vorstrukturierendes Schema oder Ordnungskategorie. Sie schaffen sich sozusagen ein Gerüst, in das Sie die einzelnen Informationen einbauen können. Dadurch verankern Sie die Inhalte in Ihren eigenen kognitiven Strukturen und damit in Ihrem Gedächtnis.

Wenn Sie sich Texte sehr gründlich aneignen müssen, ist die Methode besonders effizient. Das Aufschreiben der wesentlichen Inhalte läßt sich, wenn Sie die Inhalte schon gut gelernt haben, zunehmend verkürzen und auf Stichworte und schematische Darstellungen konzentrieren.

Anwendung des aktiven Lesens auf ein Textbeispiel

Lesen Sie den folgenden Text »Das menschliche Gedächtnis« nach der SQ3R-Methode durch. Vergleichen Sie anschließend Ihre eigene Vorgehensweise mit der hier kommentierten.

Textbeispiel:

> ### Das menschliche Gedächtnis
>
> *Täglich strömen unzählige Eindrücke auf uns ein. Welche Informationen vergessen wir und welche nicht? Viele Informationen behält man nur für wenige Sekunden. Bestimmte Eindrücke behält man ein Leben lang. Woran liegt das?*
>
> *Eine Information, die durch ein oder mehrere Sinnesorgane aufgenommen wird, gelangt zunächst in das Ultrakurzzeitgedächtnis. Die im Gehirn entstehenden elektrischen Schwingungen klingen nach 10 bis 20 Sekunden ab. Eine Speicherung der Information über diese kurze Zeit hinaus kommt nicht zustande, wenn kein ausreichendes Interesse vorhanden ist, wenn keine Verknüpfungsmöglichkeit besteht oder wenn bestimmte Zusatzwahrnehmungen sich störend auswirken.*
>
> *Das Speichern für wenige Sekunden ist erforderlich, um schnelle Reaktionen auszuführen. Denken wir an unsere Reaktionen im Straßenverkehr: das Umschalten einer Ampel, die Bremsleuchten eines vorausfahrenden Wagens, das Hupen eines Verkehrsteilnehmers. Einige Minuten später sind die Ereignisse vollkommen vergessen.*
>
> *Zwischen dem Ultrakurzzeitgedächtnis und dem Kurzzeitgedächtnis besteht eine Filterfunktion, die uns vor einer großen Belastung durch Informationen schützt. Das Kurzzeitgedächtnis kann eine Information durch willentliche Verknüpfungen für eine Zeit bis zu 30 Minuten speichern. Erst durch weitere Verknüpfungen, die man Assoziationen nennt, oder durch eindrucksvolle Erlebnisse gelangt eine Information in das Langzeitgedächtnis.*
>
> (Aus: Knaurs Moderne Psychologie)

Kommentar:

Der Schritt *Survey* führt zu folgender Beurteilung:

Der Text stammt aus einem populärwissenschaftlichen Lexikon der Psychologie. Es wird also auf die psychologische Seite des Gedächtnisses (im Gegensatz z.B. zur physiologischen Seite) eingegangen. Der Text besteht aus 4 kurzen Abschnitten. Die Abschnitte 2 und 3 behandeln das Ultrakurzzeitgedächtnis. Im letzten Abschnitt werden verschiedene Gedächtnistypen bzw. Speicher unterschieden.

Fragen, die sich ausgehend von der Überschrift ergeben:

- Wie ist das menschliche Gedächtnis aufgebaut?
- Gibt es mehrere Arten von Gedächtnis?
- Was wird über Langzeit- und Kurzzeitgedächtnis gesagt? (Wenn man diese Unterscheidung schon kennt oder sie dem Schritt Survey entnommen hat).
- Welche Funktionen haben die Gedächtnistypen?
- Wovon ist das Behalten abhängig?
- Wie kann man für dauerhaftes Behalten sorgen?

Als Ergebnis der weiteren drei Schritte wurde der folgende Text festgehalten, der bereits in eine Struktur gebracht worden ist:

Es wird der Aufbau des menschlichen Gedächtnisses beschrieben. Danach werden drei Gedächtnisformen unterschieden:
- *das Ultrakurzzeitgedächtnis (UKG),*
- *das Kurzzeitgedächtnis (KG) und*
- *das Langzeitgedächtnis (LG).*

Vielleicht war für Sie die Information neu, daß es ein Ultrakurzzeitgedächtnis gibt. Dann könnten Sie, ausgehend von dieser Erkenntnis, zunächst dieses beschreiben und ihm dann die anderen Gedächtnistypen gegenüberstellen.

Die verschiedenen Speicher sind im zeitlichen Ablauf hintereinander geschaltet: Nur ein Teil der Informationen, die vom UKG aufgenommen werden, gelangt in das KG und schließlich in das LG.
Das UKG speichert Informationen nur kurzfristig – 10-20 sec.
Das KG speichert länger, bis etwa 30 min. Es hat eine Filterfunktion.
Das LG speichert dauerhaft.
Ob Informationen aus den Sinnesorganen in den jeweils nächsten Speicher gelangen, hängt von dem Auftreten bestimmter psychischer Prozesse ab: nämlich, ob Interesse ausgelöst wurde bzw. Verknüpfungen – z.B. Assoziationen – gebildet werden.

Wie Sie die erarbeitete Struktur des Textes durch graphische Darstellung noch prägnanter und einprägsamer machen können, erfahren Sie im nächsten Kapitel.

Graphische Darstellung der Struktur –
Cluster, Mind Map und Flußdiagramm

Mit einer graphischen Darstellung läßt sich der Inhalt eines Textes komprimiert und wesentlich verkürzt darstellen. Sie gibt die Struktur des Textes bildlich wieder.

Für das Festhalten der wichtigsten Informationen über das Gedächtnis bietet sich die relativ einfache Methode des Clusters an (Rico, 1984; Kruse, 1997). Sie können damit die wichtigsten Aussagen zu einem zentralen Begriff geordnet darstellen, indem Sie die Begriffe und Unterbegriffe in Kreisen unterbringen und deren Zusammenhänge durch Äste und Zweige visualisieren. Die einzelnen Informationen können Sie dann in Form von weiteren Clustern anhängen. Ausgehend von dem eben bearbeiteten Beispieltext, könnte das folgendermaßen aussehen:

Das Cluster hat den Vorteil, daß Sie zwar eine Ordnung einführen, aber noch nicht genau festlegen müssen, wie der Zusammenhang der Ordnung im einzelnen aussieht: z.B. ob es sich um eine hierarchische Ordnung handelt bzw. eine bestimmte Reihenfolge.

Wenn Sie die Äste und Unteräste Ihres Clusters nach Ihrer Bedeutung oder

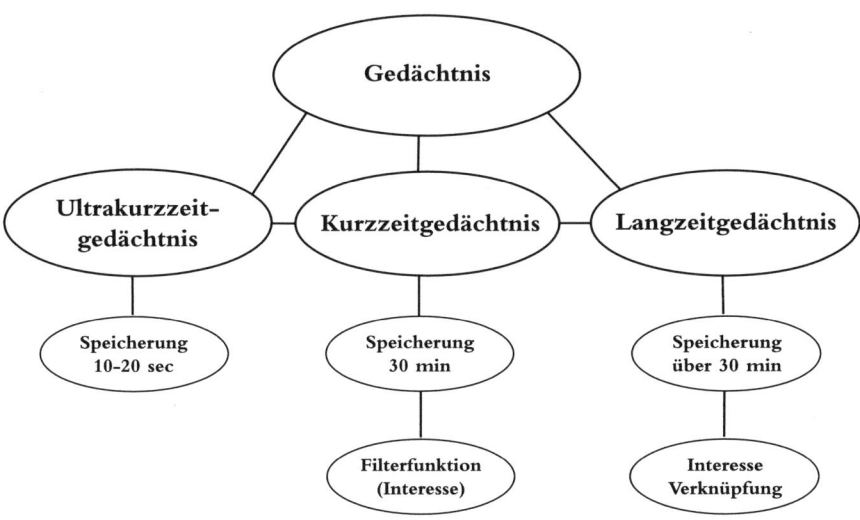

Abbildung 9: Cluster zum Text »Das menschliche Gedächtnis«

Reihenfolge ordnen wollen, dann empfiehlt sich die sogenannte »Mind Map« als Darstellungsform (Buzan, 1984; Kirkhoff, 1992).

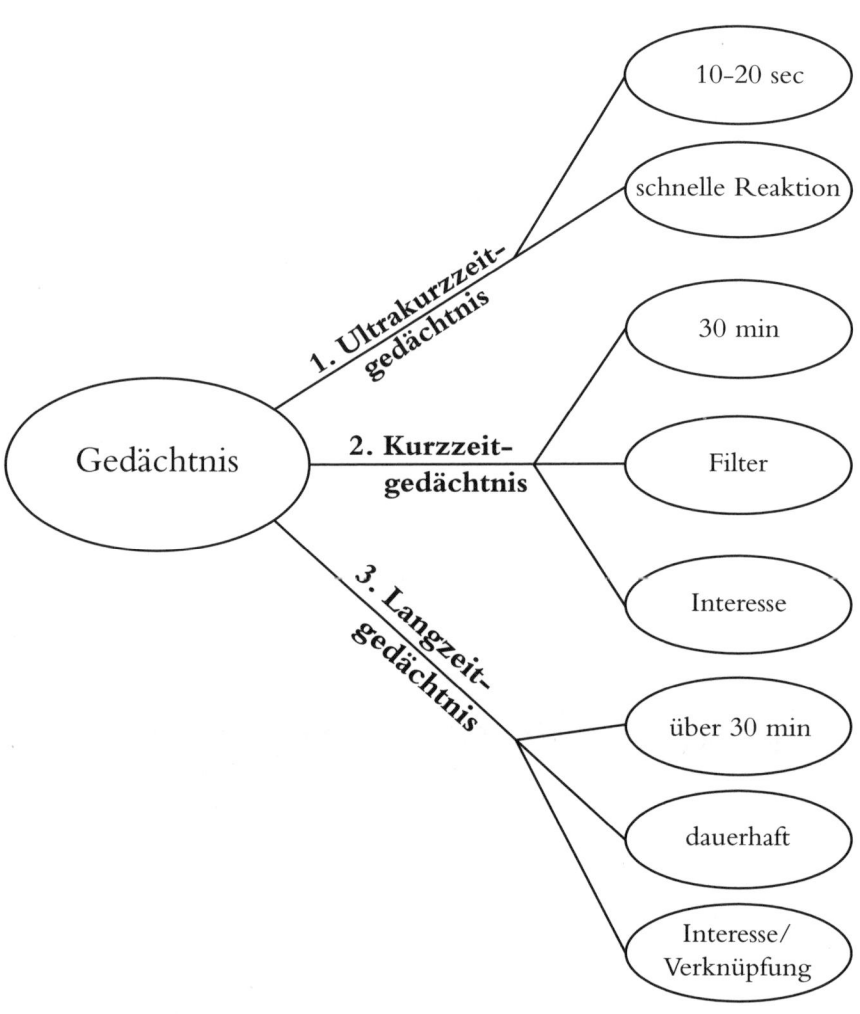

Abbildung 10: Mind Map zum Text

Strategien und Methoden optimalen Lernens für die Prüfung

Sie könnten den Inhalt des Textes auch in Form eines Flußdiagramms wiedergeben:

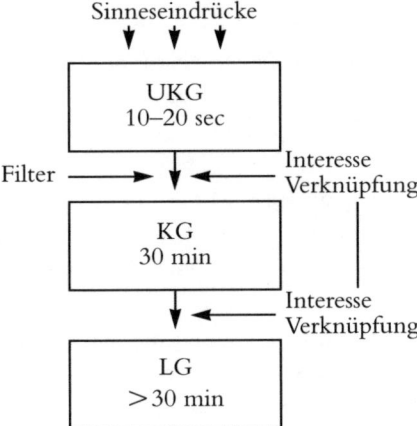

Abbildung 11: Flußdiagramm zum Text

Das Anfertigen von graphischen Darstellungen verlangt von Ihnen wiederum aktives Denken und obendrein noch aktives motorisches Tun. Damit fördern Sie die
geistige Verarbeitung und das Behalten. Außerdem prägen sich Bilder und graphische Strukturen dem Gedächtnis besonders gut ein. Versuchen Sie deshalb möglichst viel von dem, was Sie gut behalten wollen, aufzumalen.

Strukturierendes Lernen

Der Vorteil des strukturierenden Lernens läßt sich an dem folgenden Beispiel sehr
schön demonstrieren. Zunächst erhalten Sie eine Lernaufgabe:

Lernen Sie die folgende Zahlenreihe auswendig:

7   9   18   20   40   42   84

Wie viele Durchgänge haben Sie gebraucht, um die Zahlenreihe fehlerlos wiederzugeben?
    Schauen Sie sich dann die Zahlenreihe noch einmal genauer an. Versuchen Sie

nun zuerst das logische Prinzip bzw. die Gesetzmäßigkeit zu entdecken, nach der diese Zahlenreihe aufgebaut ist. Vielleicht haben Sie das »Konstruktionsprinzip« gleich beim ersten Mal erkannt. Dann benötigten Sie vermutlich nur wenige Durchgänge, um die Zahlenreihe auswendig reproduzieren zu können. Für diejenigen, die heute nicht so gut denken können: das Prinzip ist: »(Zahl +2) x 2«.

Wenn Sie es erkannt haben, brauchen Sie sich nur noch die Ausgangszahl – nämlich die 7 – und die Anzahl der Zahlen insgesamt zu merken, um sich die Zahlenreihe ganz leicht einzuprägen. Mit der Entdeckung des »Konstruktionsprinzips« können Sie die gesamte Informationsmenge in Ihrem Kopf sehr komprimiert darstellen und haben damit eine ökonomische Lernmethode angewendet.

Die Formel, mit der Sie die gesamte Information verkürzen, bezeichnet man auch als Codierung, d.h. die Übertragung der Information auf eine andere Zeichenebene. Mit Codierungen ist man in der Lage, komplexe Informationen zu organisieren, mitzuteilen und sie obendrein gut zu erfassen sowie im Gedächtnis zu speichern. Erst die Codierung macht es möglich, in die umfangreichen Wissensgebiete der Wissenschaft einzudringen und sie sich verfügbar zu machen. Codieren ist das Schlüsselwort für effektives Lernen! (Vgl. Dahmer, 1998)

Es gibt sehr verschiedene Codierungssysteme:

- mathematische Symbole oder Formeln,
  Beispiele: $a^2 + b^2 = c^2$; H_2O,
- bildliche Darstellungen, z.B. Piktogramme
- graphische Darstellungen, wie Diagramme,
- begriffliche Abkürzungen,
  Beispiel: PSR für Patellarsehnenreflex.

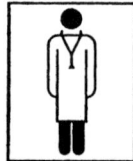

Piktogramm

Sie haben mit der Formel »+ 2, x 2« ein *Superzeichen* gebildet, d.h. ein Zeichen auf der Metaebene, in dem die Einzelinformationen miteinander verknüpft werden.

»AOK« ist ein weiteres Beispiel für ein Superzeichen. Sie werden vermutlich nicht lange überlegen müssen, daß damit die Allgemeinen Ortskrankenkassen gemeint sind. Wenn man ein solches Zeichen einmal gelernt hat, läßt sich damit auf Anhieb eine ganze Menge an Informationen wieder abrufen. Superzeichen enthalten häufig auch eine Gestaltqualität, die das Wiedererkennen enorm erleichtert: Mit dem Logo AOK verbindet sich auch ein bestimmtes Bild.

Sie haben schon an anderer Stelle ein Superzeichen kennengelernt, nämlich **SQ3R**. Mit diesem Kürzel haben Sie die Informationen über alle fünf Schritte des aktiven Lesens in gebündelter Weise gespeichert. Dieses Superzeichen enthält keine Gesetzmäßigkeit, sondern nur ein formales Prinzip: Die Anfangsbuchstaben der jeweiligen Schritte wurden gewählt und außerdem nach formaler Ähnlichkeit zusammengefaßt: die drei »**R**«.

In beiden Beispielen wurden Abstraktionsleistungen vorgenommen: es wurde Ordnung geschaffen, oder – mit anderen Worten – Strukturen wurden gebildet. Wir sprechen im weiteren vom strukturierenden Lernen, das zwar eine synonyme Bezeichnung für codierendes Lernen ist, aber den Akzent stärker auf die kognitiven Operationen beim Lernen lenkt.

Strukturierendes Lernen ist die adäquate Methode für das Erarbeiten von theoretischen Texten. Hier geht es immer darum, die aufzunehmenden Informationen zu gliedern und zu ordnen. Die wichtigste Operation ist dabei das Erkennen von Gemeinsamkeiten und Unterschieden. Aufgrund von gemeinsamen Merkmalen bildet man Oberbegriffe bzw. faßt Objekte in Klassen zusammen. Das Denken geht dabei von der Ebene der konkreten Erscheinungen über zu der Ebene der übergeordneten Begriffe, also vom Konkreten zum Abstrakten. Diesen Vorgang bezeichnet man als progressive Abstraktion.

Man kann sowohl

a) vertikale Gliederungen als auch
b) horizontale Gliederungen
   vornehmen.

Im Fall a) bewegt man sich eben vertikal in der Dimension vom Konkreten zum Abstrakten: Beispiel: Hammer, Zange, Schraubenschlüssel kann man unter dem Oberbegriff Werkzeuge zusammenfassen.

Im Fall b) unterscheidet man auf der horizontalen Ebene, indem man Differenzierungen eines Begriffs vornimmt bzw. gleichgeordnete Klassen bildet, z.B.: Man kann den grobmechanischen Werkzeugen die feinmechanischen gegenüberstellen.

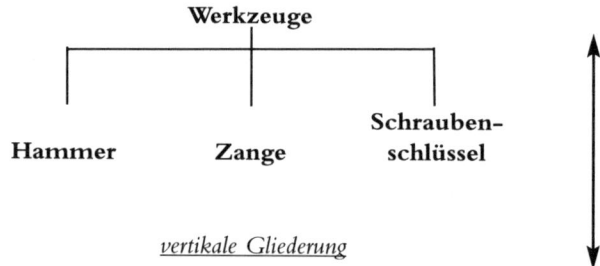

vertikale Gliederung

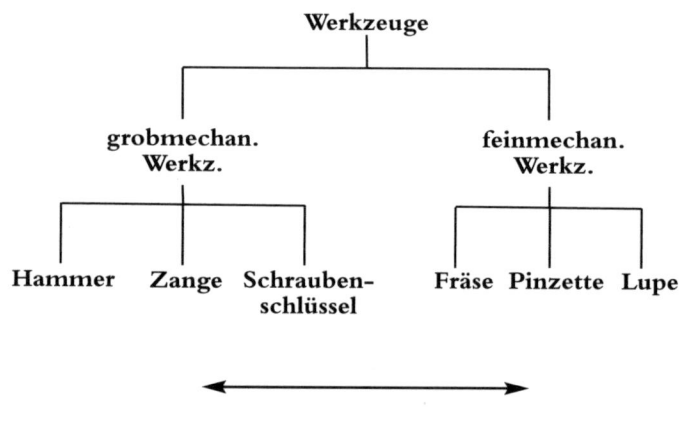

horizontale Gliederung

Abbildung 12: Vertikale und horizontale Gliederung

Die häufigsten Kriterien, nach denen geordnet wird, sind die folgenden:

- formale Ähnlichkeit (Beispiel: die drei »Rs« siehe oben!),
- inhaltliche Ähnlichkeit (alle oben genannten Werkzeuge sind Instrumente für die handwerkliche Ausführung von mechanischen Operationen),
- funktionale Beziehung (z.B. Ursache – Wirkung: Das Erkennen von Prinzipien, z.B. das Konstruktionsprinzip der obigen Zahlenreihe ist Voraussetzung für effizientes Lernen).

Mit Hilfe solcher Strukturierungen lassen sich Texte auf das Wesentliche reduzieren und dadurch im Gedächtnis gut speichern.

Anwendung des strukturierenden Lernens auf theoretische Texte

Die Methode des strukturierenden Lernens kommt gerade für informationsreiche theoretische Texte, mit denen man es bei der Prüfungsvorbereitung auf jeden Fall zu tun hat, besonders in Frage. Nach meinen Erfahrungen sind viele Studierende wenig geübt in dieser Methode. Deshalb soll im Folgenden das Vorgehen an dem bereits eingeführten Textbeispiel über das Gedächtnis erläutert werden. Textbeispiel:

> ### Das menschliche Gedächtnis
>
> *Täglich strömen unzählige Eindrücke auf uns ein. Welche Informationen vergessen wir und welche nicht? Viele Informationen behält man nur für wenige Sekunden. Bestimmte Eindrücke behält man ein Leben lang. Woran liegt das?*
>
> *Eine Information, die durch ein oder mehrere Sinnesorgane aufgenommen wird, gelangt zunächst in das Ultrakurzzeitgedächtnis. Die im Gehirn entstehenden elektrischen Schwingungen klingen nach 10 bis 20 Sekunden ab. Eine Speicherung der Information über diese kurze Zeit hinaus kommt nicht zustande, wenn kein ausreichendes Interesse vorhanden ist, wenn keine Verknüpfungsmöglichkeit besteht oder wenn bestimmte Zusatzwahrnehmungen sich störend auswirken.*
>
> *Das Speichern für wenige Sekunden ist erforderlich, um schnelle Reaktionen auszuführen. Denken wir an unsere Reaktionen im Straßenverkehr: das Umschalten einer Ampel, die Bremsleuchten eines vorausfahrenden Wagens, das Hupen eines Verkehrsteilnehmers. Einige Minuten später sind die Ereignisse vollkommen vergessen.*
>
> *Zwischen dem Ultrakurzzeitgedächtnis und dem Kurzzeitgedächtnis besteht eine Filterfunktion, die uns vor einer großen Belastung durch Informationen schützt. Das Kurzzeitgedächtnis kann eine Information durch willentliche Verknüpfungen für eine Zeit bis zu 30 Minuten speichern. Erst durch weitere Verknüpfungen, die man Assoziationen nennt, oder durch eindrucksvolle Erlebnisse gelangt eine Information in das Langzeitgedächtnis.*
>
> (Aus: Knaurs Moderne Psychologie)

Wie geht man im einzelnen vor? Zuerst sollte man die vielen Informationen in Blöcke und Gruppierungen zusammenfassen (Dahmer, 1998).

Dabei lassen sich die folgenden Schritte durchführen:

- Informationsblöcke bilden nach formalen Kriterien, z.B. das Kapitel in Abschnitte gliedern,
- thematisch gliedern, z.B. Abschnittsüberschriften dazu finden,
- Informationsgruppen bilden, z.B. Teilthemen differenzieren,
- Teilaufgaben in kleinere Lernschritte gliedern, indem man z.b. den Teilthemen Merkmale zuordnet.
- Lernschritte zu konkreten Einzelinformationen bestimmen.

Wenden wir die einzelnen Schritte auf das Textbeispiel über das menschliche Gedächtnis an.

Der Text gliedert sich in 4 Abschnitte:

Abschnitt 1 wirft die *Frage nach dem Behalten* auf.

Abschnitt 2 und 3 handeln beide vom *Ultrakurzzeitgedächtnis* (UKG).

Abschnitt 2 beschreibt Merkmale der Speicherung des UKG.

Abschnitt 3 geht auf seine Funktion ein.

Abschnitt 4 steht unter der Überschrift »drei Gedächtnisspeicher«.

Unterscheidende Merkmale werden einander gegenübergestellt.

Mit diesen Schritten haben Sie den Text analysiert und übersichtlich geordnet. Um sich die Struktur zu erarbeiten und sie festzuhalten, bedarf es weiterer Schritte, die zur Synthese führen. Nun geht es darum, Gliederungen vorzunehmen, mit denen Sie die relevanten Informationen begrifflich ordnen.

An dem kommentierten Beispiel – schauen Sie sich den Kommentar noch einmal an! – lassen sich die folgenden Strukturierungsprinzipien aufzeigen.

- Oberbegriff bestimmen:
  »Es geht um Gedächtnisformen, es gibt nicht nur ein Gedächtnis.«
- Horizontale Gliederung auf dem gleichen Abstraktionsniveau:
  »Es werden drei unterschiedlich benannte Gedächtnistypen unterschieden.«
- Gemeinsamkeiten und Unterschiede hervorheben:
  »Den drei Gedächtnistypen ist die Funktion der Speicherung gemeinsam, sie unterscheiden sich jedoch bezüglich der zeitlichen Dimension.«
- Formale Strukturierung:
  »Die Ähnlichkeit der Bezeichnungen legt die Abkürzungen nahe zu UKG, KG und LG. Eine formale Strukturierung liegt auch bei der Anordnung in drei Kästchen des Flußdiagramms vor.«

- Verkürzung der Information durch Superzeichen:
  »Mit der Abkürzung der Namen der Gedächtnistypen – UKG, KG und LG – werden Superzeichen gebildet.«
- Merkmale werden Begriffen zugeordnet:
  »Die Informationen über die verschiedenen Gedächtnistypen werden zugeordnet: Die kurzfristige Speicherung von 10-12 sec gehört zum UKG; Filterfunktion und 30 minütige Speicherung zum KG, usw.«
- Vertikale Gliederung vom allgemeinen zum besonderen:
  »Die unterscheidenden Merkmale werden einander gegenübergestellt und konkret beschrieben. KG: Speicherung ca. 30 min, Absicht muß im Spiel sein.«
- Neue Oberbegriffe bilden:
  »›Interesse zeigen, willentliches Verknüpfen und emotionale Erlebnisse‹ werden unter dem Oberbegriff ›psychologischer Prozeß‹ zusammengefaßt.«
- Funktionale Strukturierung:
  »Es wird eine Aussage über eine Ursache-Wirkungs-Beziehung gemacht: Behalten ist davon abhängig, ob ein aktiver psychologischer Prozeß abläuft.«

Aktives Lernen durch Anfertigung von Strukturschemata

Für komplexe theoretische Inhalte empfiehlt es sich, sie in ein hierarchisch gegliedertes Strukturschema zu bringen. Es handelt sich dabei ebenfalls um eine Art Mind Map, jedoch in sehr differenzierter und logisch ausgearbeiteter Form. Das soll am Beispiel verdeutlicht werden:

Der Student Klaus hat für eine mündliche Prüfung in Psychologie ein Thema aus der Lernpsychologie gewählt. Er hat den Schwerpunkt auf den Vergleich zweier verschiedener Ansätze zur Lerntheorie gelegt, nämlich den behavioristischen und den kognitiven Ansatz. Klaus hat beim Lernen die wesentlichen Zusammenhänge des Themas auch graphisch dargestellt, um sie sich gut verständlich zu machen.

Abbildung 12 gibt sein Strukturschema wieder. Es enthält die horizontale und die vertikale Gliederung der Themen und Unterthemen. Bei der Gegenüberstellung der Theorien werden die unterscheidenden Merkmale hervorgehoben. Die Definitionen zu den beiden Lerntheorien geben eine komprimierte Fassung der darunter aufgeführten wesentlichen Merkmale wieder.

Abbildung 13: Strukturschema zum Thema »Lernpsychologie«

Für die Prüfung benötigt Klaus aber auch differenziertes Wissen über die relevanten Begriffe und Konzepte. So muß er über den typischen Aufbau der Experimente zur »klassischen« und zur »operanten Konditionierung« Bescheid wissen und die Lerngesetze kennen, nach denen sich die Reaktionen im Experiment beeinflussen lassen. Abbildung 14 zeigt die Übersicht dazu.

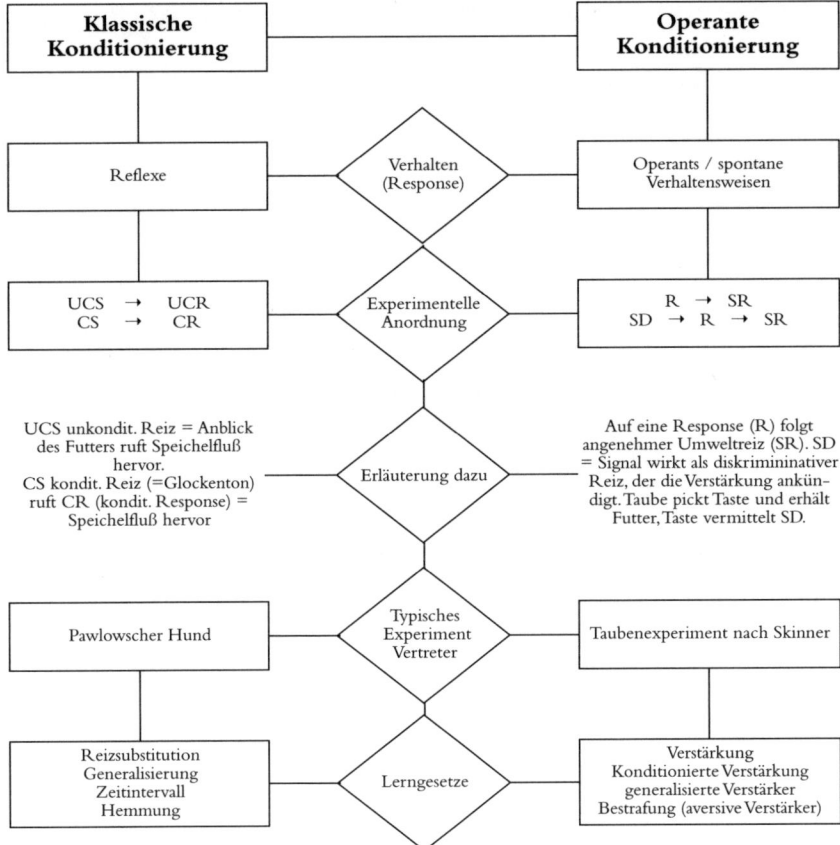

Klassische Konditionierung		Operante Konditionierung

Reflexe	Verhalten (Response)	Operants / spontane Verhaltensweisen

UCS → UCR CS → CR	Experimentelle Anordnung	R → SR SD → R → SR

UCS unkondit. Reiz = Anblick des Futters ruft Speichelfluß hervor. CS kondit. Reiz (=Glockenton) ruft CR (kondit. Response) = Speichelfluß hervor	Erläuterung dazu	Auf eine Response (R) folgt angenehmer Umweltreiz (SR). SD = Signal wirkt als diskrimininativer Reiz, der die Verstärkung ankündigt. Taube pickt Taste und erhält Futter, Taste vermittelt SD.

Pawlowscher Hund	Typisches Experiment Vertreter	Taubenexperiment nach Skinner

Reizsubstitution Generalisierung Zeitintervall Hemmung	Lerngesetze	Verstärkung Konditionierte Verstärkung generalisierte Verstärker Bestrafung (aversive Verstärker)

Abbildung 14: Strukturschema zum Thema »Klassische und Operante Konditionierung«

Die Anfertigung solcher Übersichten ist auch für die Phase des Einprägens und Wiederholens sehr hilfreich. Die Einordnung des Lernstoffs in eine solche Struktur sorgt dafür, daß Sie große Informationsmengen verkleinern und deshalb besser speichern können. Wenn Sie einmal gelernt haben, daß behavioristische Lerntheorien sich auf Konditionierung stützen, dann können Sie auch leichter abrufen, welche spezifischen Unterschiede bei der Art der Konditionierung auftreten.

Intensivierung des Lernens durch Einsicht

Sie haben bisher erfahren, daß das begriffliche Strukturieren und Einordnen in Systeme das A und O beim Lernen sind. Das muß jedoch ein wenig relativiert werden. Es gibt noch ein anderes wichtiges Prinzip, nach dem das Lernen verbessert wird: Es ist das Prinzip der »Entdeckung«, das sogenannte »Aha-Erlebnis«. Das Erkennen stellt sich manchmal ganz plötzlich ein – in einer Situation, in der Sie zuvor nichts verstanden haben oder keine sinnvolle Lösung gesehen haben. Auf einmal erfassen Sie den Sinnzusammenhang oder die Lösung und haben Einsicht gewonnen.

Nehmen wir folgendes Beispiel aus dem Bereich des problemlösenden Denkens. Vielleicht kennen Sie die folgende Aufgabe schon. Wenn nicht, dann probieren Sie, eine Lösung zu finden, bevor Sie zur nächsten Seite umblättern.

Aufgabe:

Verbinden Sie die abgebildeten 9 Punkte mit 4 zusammenhängenden Linien, ohne dabei abzusetzen.

Sie werden bei dieser Aufgabe erst dann eine Lösung entdecken, wenn Sie aus dem Raster des »Hexenhäuschens« ausbrechen und über seine Grenzen hinausgehen. Plötzlich wird es Ihnen ganz leicht erscheinen, mit vier Linien auszukommen. Wie es geht, sehen Sie auf S. 86.

Ähnliches kann Ihnen auch beim Erarbeiten von theoretischen Inhalten passieren. Vielleicht haben Sie als Psychologie-Student gut gelernt, nach welchen Regeln ein Experiment der klassischen Konditionierung funktioniert, und Sie können definieren, daß konditionierte Reize die Auftretenswahrscheinlichkeit von ehemals unkonditionierten Reaktionen erhöhen können und eine konditionierte Reaktion auslösen. D. h. Sie haben verstanden, warum der Pawlowsche Hund schon allein auf den Glockenton mit Speichelsekretion reagiert, ohne daß man ihm den Knochen zeigen muß. Aber die Bedeutung des Experiments wird Ihnen vielleicht erst dann aufgehen, wenn Sie erfahren, daß diese Theorie in der Lage ist, die Entstehung psychosomatischer Krankheiten zu erklären: Der Schlüsselbegriff dazu ist »Schizokinesis«: Mit Schizokinesis läßt sich z.B. erklären, wieso der kleine Albrecht, der unter Asthma leidet, besonders in dunkel angestrichenen Räumen Asthmaanfälle bekommt. Man müßte allerdings herausfinden, welche aversiven Reize er in der Vergangenheit in solchen Räumen erfahren hat.

Konditionierung läuft also nicht nur im Labor ab, sie tritt auch in der Realität des Alltags auf. Konditionierte Reaktionen entstehen vielfach nebenbei, d.h. ohne experimentelle Absicht. Und sie bleiben häufig unentdeckt. Insbesondere scheint der cardio-vaskuläre Bereich (Herz-Gefäße-Bereich) sehr sensibel für Reize zu sein, die ursprünglich mit einer spezifischen aversiven Situation – d.h. eine unangenehme Situation, der man am liebsten ganz schnell entfliehen möchte – assoziiert waren, inzwischen aber längst ohne Bedeutung sind. Solche konditionierten Reflexe, die sich z.B. in erhöhtem Blutdruck oder gesteigerter Herzfrequenz zeigen, können – ohne daß sie verstärkt werden müssen – sehr lange erhalten bleiben, und sie sind dem Bewußtsein nicht zugänglich.

An diesem Beispiel wird deutlich, daß man durch Anwendung des Wissens auf andere Bereiche oder praktische Beispiele zu einem adäquaten oder tieferen Verständnis gelangen kann. Ein tieferes Verständnis des Lernstoffs ist eine der wichtigsten Voraussetzungen für eine erfolgreich bestandene Prüfung. Deshalb ist es ratsam, daß Sie sich aktiv um dieses Verständnis bemühen.

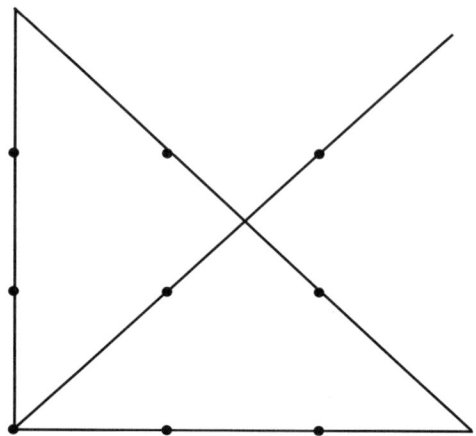

Wie kann man tieferes Verständnis und Einsicht herbeiführen?

Hierzu einige praktische Empfehlungen. Den ersten Punkt haben wir schon vorweggenommen:

→ 1. Durch Anwendung des Wissens auf praktische Beispiele

Bei der Information, daß Vitamin A fettlöslich ist, d.h. im Körper nur über die Fettaufnahme resorbiert wird, kann man z.B. die Frage stellen: Was bedeutet das für Vegetarier, die gänzlich auf tierische Fette verzichten? Nehmen sie zu wenig Vitamin A auf? Kommt es dadurch zu gesundheitlichen Problemen?

→ 2. Fragen richten auf das, was an dem Wissen neu und bedeutungsvoll ist

Erinnern Sie sich an das Textbeispiel über das menschliche Gedächtnis? Wenn Sie darin zum ersten Mal darauf gestoßen sind, daß es außer dem Kurzzeitgedächtnis, das Sie bereits kannten, sogar noch ein Ultrakurzzeitgedächtnis gibt, dann möchten Sie vielleicht auch gern erfahren, wie diese Form der kurzfristigen Speicherung funktioniert. Na, Interesse geweckt?

→ 3. Sich von anderen befragen lassen

Gerade wenn jemand Fragen stellt, muß man beweisen, daß man sein Wissen anwenden kann. Bitten Sie Ihren Freund oder Ihre Freundin, Sie zu Ihrem Thema zu befragen. Oder probieren Sie, einem Laien einen Begriff oder theoretischen Sachverhalt aus Ihrem Fach zu erklären. Er wird Ihnen sicherlich viele Fragen dazu stellen. Entweder stoßen Sie bei solchen Übungen darauf, daß Sie es selbst noch nicht so richtig verstanden haben, oder Sie gewinnen den Durchblick!

→ 4. Ein treffendes Bild oder einen pointierten Vergleich finden

Finden Sie ein anschauliches Bild, das den Kern der Sache widerspiegelt, oder einen treffenden Vergleich, der die Sache auf den Punkt bringt, z.B.: »Das Ultrakurzzeitgedächtnis = eine elektronische Momentaufnahme«. Die Denkaufgabe mit den neun Punkten, die durch vier zusammenhängende Linien miteinander zu verbinden sind, ist für mich ein prägnantes Bild für ein Aha-Erlebnis.

→ 5. Eine Formel erfinden zu einem komplizierten Sachverhalt

Erfinden Sie eine Formel, mit der Sie die geballte Informationsmenge verkürzt wiedergeben können. Es müssen nicht gleich Formeln sein, wie Sie sie aus der Mathematik und Chemie kennen.

→ 6. Eine Lobrede über eine Theorie halten

Versuchen Sie, die Theorie, die Sie gelernt haben, in ein besonders positives Licht zu rücken und würdigen Sie diese in überzeugender Weise. Mit dieser Aufgabe, die ich manchmal in meinen Workshops stelle, wenn Studierende bei ihrem Thema für die mündliche Prüfung noch nicht »den rechten Durchblick« gefunden haben, kann es Ihnen gelingen, daß der Zusammenhang und die Bedeutung der Theorie auf einleuchtende Weise verständlich werden.

Vielleicht haben Sie selbst noch Einfälle, um einsichtsvolles Lernen zu erzeugen.

Das Behalten sichern

Die wesentliche Voraussetzung für gutes Behalten haben Sie bereits kennengelernt: *das Einordnen in Zusammenhänge und Strukturen*. Aber leider ist dies keine hinreichende Bedingung, um Gelerntes zu sichern.

Für mündliche Prüfungen, wie auch für Klausuren, müssen Sie das gelernte Wissen im Kopf behalten oder, wie es im Englischen heißt, »by heart« wiedergeben können. Außerdem können Sie davon ausgehen, daß Sie Ihr Wissen in einer Streßsituation parat haben müssen. Vermutlich werden Sie in der Prüfung aufgeregt sein und unter Leistungsdruck stehen – Bedingungen, die das Wiedererinnern nicht gerade begünstigen. Weiterhin unterliegt auch das Wissen, das Sie sich durch effiziente Lernmethoden angeeignet haben, dem Einfluß des Vergessens. Auch wenn Sie beim Lernen durch das Einordnen in Strukturen und begriffliche Systeme dafür gesorgt haben, daß der Lernstoff im Langzeitgedächtnis gut verankert wird, so wird doch ein Teil davon wieder verloren gehen. Zum einen zerfällt die Gedächtnisspur von allein, zum anderen kommt es zu Beeinträchtigungen durch Interferenz mit neuen ähnlichen Gedächtnisinhalten. Nur durch ständiges Tun kann man auf die Gedächtnisspuren Einfluß nehmen. Bei informationsreichen Texten – und damit haben Sie es in der Regel bei Ihrer Prüfungsvorbereitung zu tun – können Sie nur durch Wiederholung absichern, daß Sie auch die Einzelinformationen und nicht nur die allgemeineren Merkmale wiedergeben können. Erinnern Sie sich daran, wie häufig Sie Schillers Glocke wiederholen mußten, um das Gedicht, das Sie vielleicht heute noch beherrschen, auswendig vortragen zu können. *Es führt auf jeden Fall kein Weg daran vorbei, den Stoff zu wiederholen!* Sie können dies jedoch mehr oder weniger klug anfangen.

Wie die Vergessenskurve zeigt (Abbildung 15), ist zu Beginn eines Lernvorgangs, d.h. dann, wenn das Gelernte noch relativ frisch ist, der Verlust am größten, später flaut er dann ab. Eine Verteilung der Lernarbeit über mehrere Tage erwies sich in den schon klassischen Experimenten zur Gedächtnispsychologie von Ebbinghaus gegenüber einer einzigen Lernphase an einem einzigen Tag als vorteilhafter: Es waren insgesamt weniger Lerndurchgänge erforderlich, um den Stoff fehlerfrei wiederzugeben (Gedächtnisexperimente nach Ebbinghaus, zitiert in Foppa, 1965). – Erklären läßt sich dieser Effekt in zweifacher Hinsicht: Zum einen wird der starke Verlust in der Anfangsphase durch die verteilten Wiederholungen kompensiert. Zum anderen wird durch die Aufteilung des Lehrstoffs in »kleinere Häppchen« die auftretende Interferenz von Gedächtnisspuren reduziert und damit das Behalten erleichtert. – Dieser Sachverhalt wurde mit dem Schlagwort »*Verteiltes Lernen ist besser als massiertes Lernen*« belegt. Das sollten Sie auch bei Ihrer Arbeitsplanung berücksichtigen.

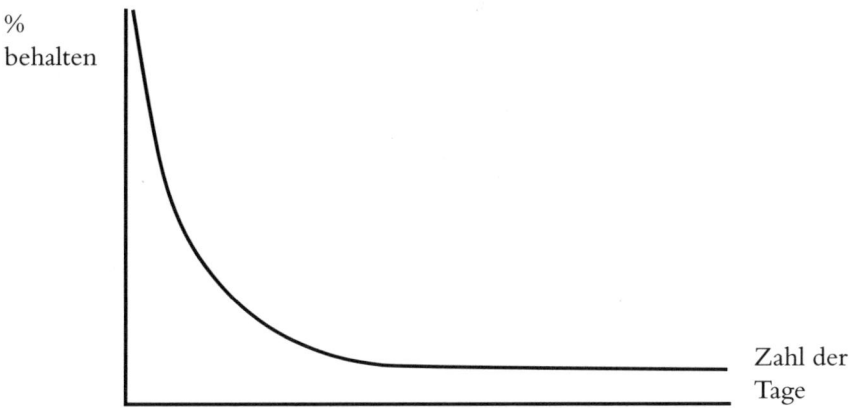

Abbildung 15: Vergessenskurve

Empfehlungen zum Wiederholen und Behalten

→ 1. Wiederholungsphasen frühzeitig mit einplanen

Reservieren Sie im Rahmen Ihres Arbeitsplans für die Prüfungsvorbereitung genügend Zeit für die Wiederholung Ihres Prüfungsstoffes. Sehen Sie von Anfang an Wiederholungen vor, d.h. auch schon am ersten Tag. Und planen Sie auch weitere Wiederholungsphasen fest ein. Schieben Sie auf keinen Fall die Wiederholung Ihres Lernstoffes bis zuletzt auf. Wenn Sie im Verlauf Ihrer Prüfungsvorbereitung selbst feststellen können, daß sich Ihr Wissen zunehmend verfestigt und die Wiederholungsphasen ihren festen Platz in Ihrem Arbeitsplan haben, dann haben Sie nicht nur Erfolgserlebnisse, sondern entwickeln auch zunehmend Selbstvertrauen.

→ 2. Wiederholung aktiv gestalten – Lernkartei anlegen

Gestalten Sie das Wiederholen aktiv. Sorgen Sie für eine aktive Phase des Einprägens. Da Sie es in der Regel mit sehr umfangreichem Lernstoff zu tun haben, empfiehlt es sich, eine Lernkartei anzulegen, d.h. für die Schlüsselbegriffe und Theorien, die Sie wiedergeben müssen, jeweils eine Karteikarte anzulegen. Halten Sie dabei jeweils die minimale Anzahl von Wörtern fest, die notwendig ist, um den Inhalt beim nächsten Mal zu Ihrem vollen Verständnis wiederzugeben. Diese Karten sollten Sie so gestalten, daß Sie Ihren persönlichen Lernprozeß optimal unterstützen. Nutzen Sie dabei die Möglichkeiten einer anschaulichen Gestaltung mit Hilfe von Graphiken und Farben.

→ 3. Lernstoff kondensieren und in Übersichtskartei einordnen

Mit den Karteikarten sorgen Sie dafür, daß Sie den Lernstoff zunehmend kondensieren, d.h. auf das Wesentliche verkürzen. So läßt er sich ökonomisch speichern. Sie wenden dabei das Prinzip der Superzeichen an, das Sie beim strukturierenden Lernen kennengelernt haben. Ordnen Sie die Karteikarten in Ihre gesamte Themenübersicht ein, indem Sie auch Übersichtskarten anlegen. Es hat sich auch für das Wiederholen und Behalten als vorteilhaft erwiesen, von einem Gesamtüberblick ausgehend, die einzelnen Bestandteile zu reproduzieren. D.h. verschaffen Sie sich zuerst die Einsicht in den Zusammenhang Ihres Lernstoffes, bevor Sie auf die Ebene der konkreten Einzelinformationen übergehen. Das Prinzip haben Sie bereits beim aktiven Lesen kennengelernt.

→ 4. Fragen beantworten fördert das Behalten

Nicht nur in der ersten Phase des aufnehmenden Lernens sollten Sie mit eigenen Fragen operieren, sondern auch beim Wiederholen. Je mehr Aktivität Sie in die Wiederholung investieren, um so besser behalten Sie. Stellen Sie sich Fragen und beantworten Sie diese mit eigenen Worten. Tun Sie dies mündlich, schriftlich, oder sprechen Sie auf Tonband. Und lassen Sie sich von anderen abfragen. Stellen Sie sich beim Wiederholen die Aufgabe, Inhalte ohne Unterstützung durch Aufzeichnungen wiederzugeben und Fragen auswendig zu beantworten. Ziehen Sie erst anschließend Ihre Notizen zum Vergleich heran. Sie kontrollieren damit den Stand Ihres Wissens und verfestigen damit gleichzeitig die Gedächtnisspuren.

→ 5. Üben Sie das Rekonstruieren von Wissen

Auch wenn Ihnen nicht gleich alles auf einmal einfällt und Sie in manchen Punkten unsicher sind, bemühen Sie sich darum, das Gelernte zu rekonstruieren. Schauen Sie nicht zu früh in Ihre Notizen. Einiges dazu wird auf jeden Fall in Ihrem Gedächtnis gespeichert sein. Und wenn Sie nicht zu früh aufgeben, werden Sie manches auch »wieder raufholen« können. Sie lernen damit auch das Rekonstruieren von Gedächtnisinhalten und präparieren sich auf diese Weise bestens für die Prüfungssituation.

→ 6. Interferenzen von Gedächtnisspuren verhindern

Bei sehr ähnlichem Lernstoff kommt es beim Lernen und Wiederholen sehr leicht zu Interferenzen, d.h. zu Störungen der Gedächtnisspuren. Deshalb sollten Sie auch auf die Reihenfolge der Inhalte und den Wechsel von Arbeiten und Pausen achten. Das können Sie tun, indem Sie

- nicht zu lange an einem schwierigen Lernstoff ähnlichen Inhalts sitzen, sondern ihn in kleinere Einheiten aufteilen,
- zwischendurch für Pausen sorgen oder auch
- möglichst unterschiedliche Lerninhalte aufeinander folgen lassen.

Wenn Sie es mit einem schwer einprägsamen Lernstoff zu tun haben, sollten Sie nach dem Lernen am besten eine Schlafpause einlegen, mit der Sie für ein Minimum an Interferenz sorgen.

→ 7. Gehen Sie mit Sportsgeist in die Wiederholungsrunden

Gestalten Sie Ihre Wiederholungsphasen angenehm und abwechslungsreich. Entwickeln Sie am besten eine sportliche Motivation. Das Gedächtnis will trainiert werden. Es ist kein passiver Behälter. Geben Sie ihm zu tun und stärken Sie seine Kondition.

Sorgen Sie für Erfolgserlebnisse, z.B.

- indem Sie sich durch Abfragen Feedback von anderen verschaffen,
- indem Sie beim Alleinlernen die bereits gut gelernten Lernkarten deutlich sichtbar in ein Extrafach Ihres Karteikastens einordnen,
- indem Sie in Ihrem Allgemeinen Plan, dem Übersichtsplan, abhaken, was Sie bereits beherrschen und führen Sie sich vor Augen, daß Sie in mancher Hinsicht schon zum Experten geworden sind.

Mit den hier vorgestellten Methoden des aktiven und strukturierenden Lernens können Sie absichern, daß Sie mit einem in Ihrem Gedächtnis gut verankerten Wissen in der Prüfung antreten. Diese Gewißheit wird Ihnen Zuversicht verschaffen und der Prüfungsangst den Nährboden entziehen.

Literaturtips:

Dahmer, J., *Effektives Lernen* – Anleitung zu Selbststudium, Gruppenarbeit und Examensvorbereitung, Stuttgart: Schattauer 1998.

Kirkhoff, M., *Mind Mapping.* Einführung in eine kreative Arbeitsmethode, Bremen,1992.

Stary, J. & Kretschmer, H., *Umgang mit wissenschaftlicher Literatur.* Eine Arbeitshilfe für das sozial- und geisteswissenschaftliche Studium, Frankfurt/M.: Cornelsen Scriptor, 1994.

MIT PRÜFUNGSANGST
UMGEHEN LERNEN

Prüfungsangst durch
Entspannungsübungen abbauen

Auch wenn man davon ausgehen kann, daß
- eine transparente Planung des Prüfungsstoffs,
- die Anwendung von Zeitmanagement und
- die Nutzung effizienter Lernmethoden
die besten Mittel sind, um der Prüfungsangst entgegenzuwirken, so ist ihr damit doch nicht hundertprozentig beizukommen. Obwohl alles gut läuft und die Zuversicht überwiegt, spüren Sie vielleicht doch manchmal Unruhe, nervöse Anspannung und Aufregung, wenn Sie an die Prüfung denken. Vielleicht tritt sogar Panik bei dem Gedanken auf, daß Sie in der Live-Situation der Prüfung doch nicht alles in den Griff bekommen könnten. Affektive Reaktionen lassen sich nicht völlig kontrollieren. Manchmal läßt sich auch nur schwer oder gar nicht herausfinden, wodurch die Angst plötzlich ausgelöst wurde.

Die Neigung zur Angst hat mit den Erfahrungen Ihrer individuellen Lebensgeschichte zu tun. Für manche Menschen ist eine bevorstehende Situation, die sie nicht durchschauen und steuern können, per se schon ungeheuer beunruhigend. Außerdem werden auch, wie Sie im Kapitel »Prüfungsangst verstehen« (S. 11ff.) erfahren haben, irrationale Ängste auf die Prüfungssituation wie auch auf die Person des Prüfers projiziert.

Unerklärlich heftige Emotionen können aufgrund ihrer früheren Konditionierungsgeschichte eine autonome Dynamik entwickelt haben. Sie werden, wie Sie im Kapitel »Strategien und Methoden optimalen Lernens für die Prüfung – Intensivierung des Lernens durch Einsicht« (S. 84) bei der Erläuterung von Schizokinesis erfahren haben, teilweise unbewußt an spezifische unangenehme Signalreize gekoppelt und sind dann ziemlich dauerhaft. Die Auslöser sind nur schwer oder gar nicht zu entdecken. Und wenn man sie entdecken würde, müßten aufwendige Umlern-Versuche stattfinden, um ganz davon freizukommen. Das wäre ein langer Weg!

Aber es läßt sich lernen, auf Erregungssymptome kurzfristig und direkt Einfluß zu nehmen. Mit Entspannungsübungen wirken Sie der muskulären Anspannung und der physiologischen Erregung entgegen, die mit der Angst einhergehen. Sie entziehen damit Ihrer Angst sozusagen den Boden – das körperliche Substrat –; denn in entspanntem Zustand können Sie die Angst gar nicht mehr in dem Maße wie vorher empfinden. Entspannung und Erregung funktionieren nach dem antagonistischen Prinzip: Sie schließen sich gegenseitig aus. Die Entspannung »entängstigt« Sie sozusagen. Damit Sie die Kontrolle Ihrer Aufregung und Angst in den Griff bekommen, wann immer Sie wollen, müssen Sie jedoch regelmäßig und ausdauernd üben.

Als sehr erfolgreiche Entspannungsmethode hat sich das *Autogene Training* erwiesen. Eine andere, vielfach verwendete Entspannungsmethode ist die *Progressive Muskelentspannung.* Darüber hinaus gibt es noch viele andere Methoden wie z.B. Yoga, Tai-Chi etc.

Ich werde hier bevorzugt auf das Autogene Training eingehen, das sich in meinen Gruppen mit Studierenden sehr gut bewährt hat. Es ist eine Entspannungsmethode, die Sie zumindest in ihren Grundzügen allein lernen können. Sie erhalten im folgenden dazu eine Einführung in die Methode und eine Anleitung zum Üben. Das Autogene Training läßt sich zudem mit angeleiteten Phantasieübungen kombinieren. Sie werden erkennen, daß das Autogene Training auch noch mehr kann, als den Erregungsfaktor von Prüfungsangst zu dämpfen. Es eröffnet Ihnen nämlich auch die Chance, eine gelassenere Haltung gegenüber den verschiedensten Anforderungs- und Streßsituationen zu entwickeln.

Auf die Progressive Muskelrelaxation wird ebenfalls, jedoch in kürzerer Form, eingegangen. Yoga wird hingegen nur kurz gestreift.

Vielen Studierenden fällt das Erlernen des Autogenen Trainings in der Gruppe leichter. Dazu ist der Besuch von Kursen empfehlenswert, die fast überall von universitären Beratungsstellen, Volkshochschulen, niedergelassenen Ärzten und Psychologen angeboten werden.

Das Autogene Training

Der »Vater« des Autogenen Trainings ist Johann Heinrich Schultz, der als Neurologe und Psychoanalytiker lange Zeit in Berlin praktizierte. Aus seinen Untersuchungen zur (Fremd-)Hypnose entwickelte er bereits in den Zwanziger Jahren die »Methode der konzentrativen Selbstentspannung« (Schultz, 1991), bei der die Person des sich Entspannenden den Prozeß selbst steuert.

Charakteristisch für das Autogene Training ist eine entspannte Aufmerksamkeit, die auf bestimmte körperliche Bereiche und Empfindungen gerichtet wird, z.B. auf das Gefühl von Schwere im rechten Arm. Dabei wird gleichzeitig von äußeren und inneren Störreizen – von Geräuschen und gedanklichen Ablenkungen – aktiv abgeschaltet und der Weg zur inneren Ruhe beschritten. Das Bewußtsein wird zunehmend eingeengt, bleibt aber im Zustand des Wachseins. Nach Schultz stellt sich eine hypnoide Bereitschaft ein, die sich nutzen läßt für die suggestive Kraft von selbstgewählten Leitsätzen, wie »Ich bin ruhig und gelassen«. Weiterhin läßt sich dabei eine Neigung zu anschaulichem und bildhaftem Denken feststellen, die insbesondere bei der Oberstufe des Autogenen Trainings gezielt angesprochen wird.

In physiologischer Hinsicht wirkt der konzentrative Prozeß auf das vegetative Nervensystem ein, das die Vitalfunktionen, wie Atmung, Verdauung und Stoffwechsel, versorgt. Er spricht insbesondere den Parasympathikus an, der für die rekreativen Funktionen des Organismus zuständig ist. Die Übungen wirken sich gleichzeitig als Dämpfung des Sympathikus-Tonus aus, der dem Erregungszustand des kampf- bzw. handlungsbereiten Organismus entspricht (Kraft, 1982). Sie zielen ab auf die Verstärkung des Entspannungs- und Erholungszustands, der mit den Empfindungen von Schwere und Wärme (in den Gliedern), einer langsameren, vertieften Atmung, eines verlangsamten Herzrhythmus und der Anregung der Verdauungstätigkeit einhergeht. Die folgende Übersicht zeigt die einzelnen Funktionen der Übungen des Autogenen Trainings der Grundstufe auf (nach Kraft, a.a.O., S. 52).

Übungen der Grundstufe des Autogenen Trainings und ihre Funktion

Schwere-Übung	Entspannung der Willkürmuskulatur in Armen und Beinen
Wärme-Übung	Entspannung der Gefäßmuskulatur, Gefäßerweiterung
Atem- und Herz-Übung	passives Erleben des Atem- und Herzrhythmus
Sonnengeflecht-Übung	Regulation der Bauchorgane, Anregung der Magen- und Darm-Motilität
Stirnkühle-Übung	Eingrenzung der Wärmeempfindung, Freihalten des Kopfes

Das klingt vielleicht alles sehr kompliziert und hoch theoretisch! Wie aber sieht eine Übung im Autogenen Training konkret aus?

Man setzt sich aufrecht in einer entspannten Haltung auf einen Stuhl, schließt die Augen und beginnt mit der Formel »Mein rechter Arm ist schwer«. Wie es weitergeht, werden Sie im folgenden Abschnitt bei der Anleitung zum Autogenen Training im einzelnen erfahren.

Die positive Wirkung des Autogenen Trainings auf die Fähigkeit zur Entspannung, die Fähigkeit zur Konzentration und auf den Abbau von Ängsten konnte ebenso wie der heilsame Effekt bei psychosomatischen Störungen durch zahlreiche empirische Untersuchungen nachgewiesen werden. Woran Sie als Prüfungskandidat vielleicht besonderes Interesse haben: das Autogene Training hilft auch sehr gut bei Schlafstörungen.

Mit dem Autogenen Training können Sie lernen,

- die eigene Körperwahrnehmung zu intensivieren,
- auf körperliche Empfindungen Einfluß zu nehmen,
- den Geist von Störreizen abzuwenden, ihn nach innen zu lenken und auf bedeutsame persönliche Ziele auszurichten.

Mit anderen Worten: Sie lernen Schritt für Schritt,

- sich besser zu konzentrieren,
- Erregungs- und Spannungszustände zu dämpfen und zu lösen und
- eine größere Gelassenheit zu entwickeln.

Daraus läßt sich ein bedeutsames Gegengewicht zu den Streßreaktionen von Prüfungsangst gewinnen. Im folgenden erhalten Sie die Anleitung zum Erlernen des Autogenen Trainings.

Anleitung zum Erlernen des Autogenen Trainings

Die Grundstufe des Autogenen Trainings (AT) umfaßt sechs Übungen, zu denen die folgenden Übungsformeln gehören:

Übungen der Grundstufe des AT – Grundformeln

1. Schwere-Übung	Der rechte Arm ist schwer.
	Beide Arme sind schwer.
	Arme und Beine sind schwer.
	Mein Körper ist angenehm schwer.
2. Wärme-Übung	Der rechte Arm ist warm, usw. s. o.
3. Atem-Übung	Atmung ist ruhig und regelmäßig.
4. Herz-Übung	Herz schlägt ruhig und regelmäßig.
5. Sonnengeflecht-Übung	Sonnengeflecht strömt warm.
6. Stirnkühle-Übung	Stirn ist angenehm kühl.

Die Formeln werden jeweils vier- bis sechsmal wiederholt. Zwischen den einzelnen Übungen wird jeweils die sogenannte Ruhetönung angesprochen. Auf der folgenden Doppelseite finden Sie das Merkblatt, das alle Formeln und Übungsschritte zum Durchführen des Autogenen Trainings enthält. Sie können es für Ihre Übungen benutzen.

→ Das Ansprechen der Formeln

Sprechen Sie die Formeln innerlich, also nicht laut, vor sich hin. Nur global daran denken, reicht jedoch nicht!

Sie könnten die Formeln natürlich auch auf Tonband sprechen und sie sich dann vorspielen. Aber bedenken Sie, daß Sie dabei eine fremdhypnotische Wirkung zu Hilfe nehmen. Sie verschieben damit das Erlernen der Eigensteuerung auf später.

Merkblatt zum Autogenen Training

Grundstufe

0. Ruhetönung
Ich bin ruhig. Geräusche sind gleichgültig. Weit weg.
Ich bin ruhig. Gedanken sind gleichgültig. Am Rande
der Aufmerksamkeit. Ich bin ruhig.

1. Schwere-Übung
Rechter Arm ist schwer.
Rechter Arm ganz schwer.
Rechter Arm angenehm schwer.
(jeweils 2mal wiederholen)
Ruhetönung
Ich bin ruhig. Ruhig und entspannt.
Beide Arme sind schwer.
Beide Arme ganz schwer.
Beide Arme angenehm schwer.
(jeweils 2mal wiederholen)
Ruhetönung
Arme und Beine sind schwer.
Arme und Beine ganz schwer.
Arme und Beine angenehm schwer.
(jeweils 2mal wiederholen)
Ruhetönung
Alle Glieder sind schwer.
Mein Körper ist angenehm schwer.
Ruhetönung

2. Wärme-Übung
Rechter Arm ist warm.
Rechter Arm ganz (oder strömend) warm.
Rechter Arm angenehm warm.
(jeweils 2mal wiederholen)
Ruhetönung
Beide Arme sind warm.
Beide Arme ganz (oder strömend) warm.
Beide Arme angenehm warm.
(jeweils 2mal wiederholen)
Ruhetönung
Arme und Beine sind warm.
Arme und Beine ganz warm.
Arme und Beine angenehm warm.
(jeweils 2mal wiederholen)
Ruhetönung
Alle Glieder sind warm.
Mein Körper ist angenehm warm.
Ruhetönung

3. Atem-Übung	Atmung ist ruhig und regelmäßig. (4mal wiederholen) *Ruhetönung*
4. Herz-Übung	Herz schlägt ruhig und regelmäßig. (4mal wiederholen) *Ruhetönung*
5. Sonnengeflecht-Übung	Sonnengeflecht strömt warm, strömend warm, angenehm warm. (4mal wiederholen) *Ruhetönung*
6. Stirnkühle-Übung	Stirn ist angenehm kühl. ein kühler Lufthauch streift die Stirn. (4mal wiederholen) *Ruhetönung* Ich bin ruhig und entspannt. Ich genieße die Ruhe und Entspannung.
7. Rücknahme	Du beschließt nun langsam zurückzukehren. Stirn ist nicht mehr kühl, sondern normal. Sonnengeflecht strömt nicht mehr warm. Herz und Atmung sind wieder normal. Arme und Beine sind nicht mehr warm, sondern normal. Arme und Beine sind nicht mehr schwer. Du spürst die Spannkraft in Deinen Körper wiederkehren. Bewege zunächst Hände und Füße ein wenig, dann etwas stärker, atme dabei tief ein und aus. Spanne Arme und Beine kräftig an, recke und strecke Dich, atme dabei tief durch und öffne danach die Augen. Und Du fühlst Dich erholt wie nach einem kleinen Schlummer.

In meinen Kursen mit Studierenden hat es sich als vorteilhaft erwiesen, die Grundstufe in folgenden drei Schritten zu lernen:

→ 1. Schwere- und Wärme-Übung
→ 2. Atmung und Herz
→ 3. Sonnengeflecht und Stirnkühle (»Bauch und Kopf«).

Bevor Sie mit den Übungen beginnen, sollten Sie zunächst die erforderlichen Übungshaltungen kennenlernen.

→ Vorbereitung des Autogenen Trainings – Übungshaltungen

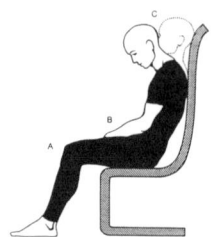

Suchen Sie sich zunächst einen guten Platz für Ihre Übungen aus. Am besten einen bequemen Sessel, bei dem Sie Rücken und Kopf anlehnen können wie in Abbildung 16. Auf diese Weise begeben Sie sich in die *Lehnsessel-Haltung*. Halten Sie dabei die Beine gespreizt und legen Sie Ihre Unterarme locker auf den Oberschenkeln ab, ohne dabei die Hände zu verschränken.

Abbildung 16: Lehnsesselhaltung

Es gibt darüber hinaus die von Schultz so genannte *Droschkenkutscherhaltung* (Abbildung 17). Dabei sitzen Sie ohne Rückenlehne, knicken im Bereich von Lenden-

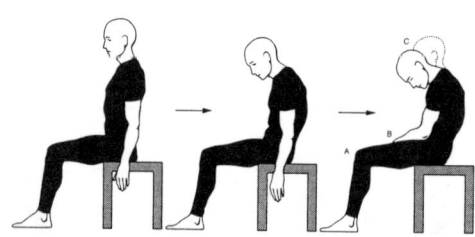

wirbelsäule/Ileosakralgelenk ein, beugen Ihre Schultern dabei leicht vor und lassen den Kopf locker nach vorn hängen, so daß das Kinn der Brust nahe kommt oder sie berührt. Die Unterarme liegen wiederum locker auf den Oberschenkeln.

Diese Übungshaltung hat den Vorteil, daß sie überall durchgeführt werden kann, sogar in der Bibliothek

Abbildung 17: Droschkenkutscherhaltung

oder in der U-Bahn. Von manchen wird sie jedoch als unangenehm für den Nacken empfunden. Leichtere Beschwerden verschwinden jedoch schnell wieder mit zunehmender Übung. Probieren Sie für sich selbst aus, mit welcher Übungshaltung Sie am besten klarkommen.

Natürlich können Sie das Autogene Training auch in der Liegehaltung durchführen (Abbildung 18). Aber beschränken Sie es nicht auf diese Haltung allein.

Sonst sind Sie in der weiteren Anwendung
des Autogenen Trainings sehr eingeschränkt.
Der Entspannungseffekt tritt in der Liegehaltung sehr rasch ein, aber die naheliegende Gefahr des Einschlafens verhindert womöglich,
daß Sie das Autogene Training überhaupt
richtig lernen.

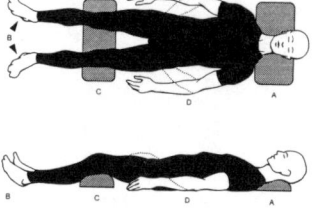

Abbildung 18: Liegehaltung

Schaffen Sie sich für die Übungen den
schon erwähnten einladenden Platz, einen,
den Sie gern aufsuchen, um dort zu entspannen. Sie erleichtern sich damit auch
das kontinuierliche Üben. Später, wenn Sie schon geübter sind, können Sie die
Übungen auch auf Ihrem Schreibtischstuhl durchführen. (Abbildungen 16, 17, 18
aus: *H. Kraft, Autogenes Training. Methodik und Didaktik*, Stuttgart 1996)

↪ **Erster Übungsteil: Schwere- und Wärme-Übung**

Schauen Sie sich das Merkblatt zum Autogenen Training an, das alle Formeln der
Grundstufe enthält. Wir werden im folgenden in drei Stufen auf die einzelnen
Schritte eingehen.

Die Ruhetönung:

*Ich bin ruhig. Geräusche sind gleichgültig. Weit weg. Ich bin ruhig. Gedanken sind
gleichgültig. Ganz am Rande der Aufmerksamkeit. Ich bin ruhig.*

Mit der sogenannten *Ruhetönung* beginnen Sie Ihre Übungen. Sie spricht den Zustand an, den Sie als Ziel erreichen wollen. Erwarten Sie also nicht, daß Sie schon
gleich zu Anfang ruhig sind. Stellen Sie sich vielmehr darauf ein, daß Sie *aktiv* ab-
schalten müssen von den äußeren und inneren Störungen, d.h. nehmen Sie wahr,
daß die Störungen eben da sind und stellen Sie sie in den Hintergrund. Die ver-
kürzte Ruhetönung wird immer dann wiederholt, wenn Sie bei Ihren Übungen
den körperlichen Bereich jeweils weiter ausdehnen bzw. mit der nächsten Übung
beginnen. Also vor jedem Wechsel:

Ich bin ruhig. Ruhig und entspannt.

Die Schwere- und die Wärme-Übung liegen von ihren Empfindungen her sehr nahe beieinander und beeinflussen sich wechselseitig. Das Gefühl von Schwere – d.h. die Eigenschwere des Körpers – entspricht der erschlafften Muskulatur im Zustand der Entspanntheit. Gleichzeitig dehnen sich dabei auch die Gefäße aus, und die Durchblutung verstärkt sich, wodurch das Wärmegefühl entsteht. Es ist individuell sehr verschieden, welche dieser Empfindungen zuerst bzw. auch bevorzugt auftritt. Das gleichzeitige Lernen fördert den wechselseitigen Prozeß. – Der physiologische Effekt der Übungen schlägt sich tatsächlich in einer erhöhten Temperatur der Hautoberfläche nieder. *Bevor Sie beginnen, prägen Sie sich die Formeln gut ein.*

Schwere-Übung:

Der rechte Arm ist schwer. Rechter Arm ist ganz schwer. Rechter Arm angenehm schwer.
Beide Arme sind schwer. Beide Arme ganz schwer. Beide Arme angenehm schwer.
Arme und Beine sind schwer. Arme und Beine ganz schwer. Arme und Beine angenehm schwer.
Alle Glieder angenehm schwer. Mein Körper ist angenehm schwer.

Sie beginnen die Übungen mit Ihrem rechten Arm, d.h. mit Ihrem gewohnten Arbeitsarm. Linkshänder sollten folglich mit ihrem linken Arm beginnen. Wiederholen Sie die Formeln insgesamt sechsmal in langsamem Tempo und mit einer kleinen Pause dazwischen: Es gibt drei kleine Variationen: schwer, ganz schwer und angenehm schwer – diese jeweils zweimal wiederholen.

Die Ruhetönung wird immer dann angesprochen, wenn Sie den Bereich, auf den Sie sich konzentriert haben, erweitern: vom rechten Arm auf beide Arme, von den Armen auf Arme *und* Beine.

Anschließend werden noch einmal alle Glieder und der Körper insgesamt angesprochen. Das gleiche Prinzip gilt für die Wärme-Übung.

Wärme-Übung:

Rechter Arm ist warm. Rechter Arm ganz (oder strömend) warm. Rechter Arm ange-
nehm warm.
Beide Arme sind warm. Usw.
Arme und Beine sind warm. Usw.

Vielleicht vermissen Sie das spezielle Ansprechen des linken bzw. bei Linkshän-
dern des rechten Arms und der einzelnen Beine. Die dargestellte Vorgehensweise
entspricht der inneren Logik des Autogenen Trainings: Angestrebt wird von Beginn an das Körpergefühl von Schwere und Wärme im *gesamten* Körper. Die Konzentration geht dabei schrittweise vor – zuerst von dem Teilbereich rechter Arm
auf beide Arme, dann dehnt man den Bereich immer weiter aus.

Es wird aber auch die andere Version, das Ansprechen der einzelnen Glieder
nacheinander, praktiziert. Wenn Ihnen dieses Vorgehen mehr entgegenkommt,
dann verändern Sie die Übungsformeln dementsprechend.

→ **Zur Rücknahme:**

Wenn Sie Ihre Übungen abgeschlossen haben, genießen Sie den erreichten Entspannungszustand noch ein wenig (etwa 10 sec), und führen Sie dann die Rücknahme durch.

Wie Sie dem Merkblatt entnehmen können, schlagen wir eine gestufte Rücknahme vor, bei der Sie langsam Schritt für Schritt die Entspannung zurücknehmen
und in die Außenwelt zurückkehren. Im Gegensatz dazu können Sie auch eine
kurze schnelle und abrupte Rücknahme durchführen mit den folgenden Worten:

Arme fest, Atmung tief, Augen auf.
(Anschließend aktiv bewegen!)

Probieren Sie am besten selbst aus, welche Vorgehensweise Ihnen angenehmer ist.

→ **Übungshäufigkeit und -dauer:**

Üben Sie regelmäßig jeden Tag zwei- bis dreimal. Zwei dieser Übungen sollten Sie auf jeden Fall in der Sitzhaltung durchführen, damit Sie das Autogene Training nicht nur als Einschlafhilfe erlernen. Wenn Sie im Liegen üben und anschließend schlafen wollen, dann lassen Sie die Rücknahme weg.

Die Übungen sollten zunächst nicht länger als zwei bis drei Minuten dauern. Später können Sie die Übungszeit nach Bedarf und Gefallen ausdehnen.

Beschränken Sie Ihr Training so lange auf die Schwere- und Wärme-Übung, bis sie beide gut funktionieren und gehen Sie dann erst zu Atem- und Herz-Übung über.

Mit der Schwere- und der Wärme-Übung haben Sie die grundlegenden und wichtigsten Formeln des Autogenen Trainings gelernt. Sie reichen bereits aus, um ein gutes Entspannungsgefühl zu erreichen. Die weiteren Übungen bauen darauf auf bzw. entwickeln sich daraus von selbst. Denn mit den Empfindungen von Schwere und Wärme werden Atemrhythmus und Herzrhythmus von allein langsamer und gleichmäßiger.

→ **Zweiter Übungsteil: Atem- und Herz-Übung**

Atmung ist ruhig und regelmäßig.
Herz schlägt ruhig und regelmäßig.

Diese Übungen werden nur jeweils viermal wiederholt.

Für beide Übungen gilt gleichermaßen, daß Sie Ihre Aufmerksamkeit auf das *passive Erleben* der Atmung und des Herzschlags richten sollen. Es geht nicht darum, diese Funktionen bewußt zu verändern. Mit den vorangegangenen Übungen hat sich Ihre Atmung bereits zum Erholungs- und Entspannungstonus hin von selbst verändert. Sie ist gleichmäßiger, ruhiger und tiefer geworden. Wenn Ihr Körper sich bereits gut entspannen kann, können Sie feststellen, daß er von der oberflächlicheren Brustatmung auf eine vertiefte Bauchatmung übergegangen ist, bei der sich der Bauch vorwölbt. Beobachten Sie einfach Ihre Atmung und nehmen Sie den Rhythmus wahr. Vertrauen Sie dem biologischen Ablauf. Allein dadurch wird Ihre Atmung ruhiger und gleichmäßiger.

Verwenden Sie für die Atem-Übung die Lehnsesselhaltung. In der Droschken-kutscherhaltung ist es etwas schwierig, die volle Bauchatmung zuzulassen

Als Variationen können sie auch die folgenden Übungsformeln verwenden :

Es atmet in mir.
Jeder Atemzug vertieft die Ruhe.

Auch für die *Herz-Übung* sollten Sie sich lediglich das Ziel setzen, Ihren Herzschlag (oder auch Ihren Pulsschlag) zu spüren und wahrzunehmen. Die adäquate Einstellung für diese Übung ist das Vertrauen, daß Ihr Herz verläßlich schlägt und für Sie verfügbar ist. Es wird also nicht angestrebt, den Herzrhythmus gezielt zu verändern.

Wenn Ihnen die Konzentration auf das Herz jedoch eher unangenehm erscheint, wenden Sie statt dessen folgende Formeln an:

Puls ruhig und regelmäßig.
Oder auch:
Brustraum weit und warm.

Lassen Sie die Herz-Übung ganz weg, wenn die damit verbundenen Gefühle vorwiegend negativ getönt sind. Es tut dem Erfolg beim Autogenen Training keinen Abbruch.

Übungsdauer:

Üben Sie wie bisher zwei- bis dreimal täglich. Für die vier Übungen insgesamt werden Sie etwa 5-6 Minuten benötigen. Es gilt jedoch nach wie vor der Grundsatz: »Solange es angenehm ist.«

→ **Dritter Übungsteil: Sonnengeflechts- und Stirnkühle-Übung**

Sonnengeflecht strömt warm. Oder: *Sonnengeflecht strömend warm* bzw. *angenehm warm.*
Stirn ist angenehm kühl. Oder: *Ein kühler Lufthauch streift die Stirn.*

Beide Übungen sollten insgesamt jeweils viermal wiederholt werden.

Die Sonnengeflecht-Übung stellt im Grunde eine Spezialisierung der Wärme-Übung dar. Das angesprochene Sonnengeflecht (Plexus solaris) liegt im oberen Bauchraum an der Rückwand der Bauchhöhle. Es ist ein vegetatives Nervengeflecht, das sich sternförmig ausbreitet und sämtliche Funktionen der inneren Organe der Bauchhöhle steuert. Die auffälligste Wirkung dieser Übung besteht in der Anregung der Verdauungstätigkeit. Sie wirkt darüber hinaus als Spasmolytikum, also zur Entkrampfung des gesamten Bauchbereichs.

Sie können die Übungsformel auch folgendermaßen variieren:

Bauch strömend warm.
Oder mit den Worten von Schultz:
Leib angenehm warm.

Mit dem Kontrapunkt der Stirnkühle-Übung halten Sie Ihren Kopf frei von der Ausbreitung des Wärmeerlebens. Sie soll den Unterschied zum restlichen Körper vergegenwärtigen und dient sozusagen als Wachmacher.

Als Ergänzung zur Stirnkühle-Übung können Sie auch die folgenden Formeln verwenden, die allerdings schon zur formelhaften Vorsatzbildung tendieren:

Kopf leicht und klar.
Kopf frei und leicht.

→ Übungsdauer und Verkürzung der Formeln

Für die gesamten Übungen der Grundstufe mit allen Wiederholungen benötigen Sie etwa 8-10 Minuten. Diese Zeit läßt sich jedoch zunehmend verkürzen. Je fortgeschrittener Sie sind, um so mehr können Sie die Übungsformeln verkürzen. Sie können die Wiederholungen weglassen, z.B.

Rechter Arm ist ganz schwer.
Beide Arme ganz schwer.
Arme und Beine ganz schwer. Usw.

Wenn sich z.B. der Effekt von Schwere und Wärme auf Anhieb bei Ihnen einstellt, reicht es aus, wenn Sie z.B. folgende Formeln anwenden:

Beide Arme sind schwer.
Arme und Beine angenehm schwer.
Arme und Beine angenehm warm.

Oder auch ganz verkürzt auf:

Arme und Beine schwer und warm.

Auch bei den weiteren Übungsformeln können Sie die Wiederholungen reduzieren oder, wenn Ihnen gerade die schrittweise Entspannung besonders gefällt, natürlich auch die einzelnen Formeln beibehalten.

→ Weitere Empfehlungen zum Üben

Die Klippe, an der viele Lernende scheitern, ist die Forderung nach beständigem Üben. Das Autogene Training trägt seinen Namen nicht zu unrecht. Sie müssen Ihr Training tatsächlich über eine Zeit von vier bis fünf Monaten aufrechterhalten, wenn Sie es prompt und sicher beherrschen und das Ziel der kurzfristigen »organismischen Umschaltung« – sozusagen »auf Knöpfchendruck« – erreichen wollen. Aber der Einsatz lohnt sich! Sie machen sich eine Methode zu eigen, mit der Sie nicht nur jetzt in Ihrer Prüfungszeit, sondern auch in Ihrem weiteren Leben peinigenden Streßreaktionen erfolgreich begegnen können. Und Sie lernen etwas, das Sie auch für Ihre gesamte Prüfungsvorbereitung benötigen, nämlich Selbststeuerung und Selbstdisziplin. Außerdem ist die Übungsstrecke selbst belohnend; denn Sie spüren die positiven Effekte schon gleich zu Beginn. Für viele ist gerade die längere und intensive Entspannungsübung sehr befriedigend. Um die Klippe der erforderlichen Ausdauer zu umschiffen, sollten Sie folgende Maßnahmen treffen:

● Sorgen Sie für einen festen und einladend gestalteten Übungsplatz.
● Planen Sie die Übungszeiten in Ihren Wochen- und Tagesplan ein.
● Legen Sie günstige Zeiten fest: Zeiten, in denen Sie wach und konzentrationsfähig sind. Gerade zu Beginn sollten Sie das Autogene Training nicht schon in ernsthaften Streßsituationen üben.
● Zwei Übungen sollten Sie auf jeden Fall tagsüber in einer Sitzhaltung durchführen – am besten eine vormittags und eine am Nachmittag.

- Die dritte Übung können Sie in der Liegehaltung durchführen, insbesondere dann, wenn Sie anschließend einschlafen wollen.
- Sorgen Sie auch für gute äußere Bedingungen. Hängen Sie ein Schild »Bitte nicht stören« vor die Tür. Stellen Sie Ihr Telefon außer Reichweite oder setzen Sie es außer Betrieb. Später werden Sie mit wachsender Geübtheit unempfänglicher für Ablenkungen und Störungen.

Anwendung des Autogenen Trainings in Alltagssituationen: Kurzformeln und Formeln für Teilentspannung

Das Autogene Training können Sie überall anwenden. Am Anfang werden Sie es vielleicht nur im Sitzen durchführen können. Später werden Sie zunehmend unabhängiger von Ihrer Übungshaltung und Ihrem Platz und können es aufrecht stehend oder auch im Gehen praktizieren. Sie können es bei einer Lesepause in der Bibliothek oder in der U-Bahn auf dem Weg zur Universität anwenden. Eine günstige Voraussetzung dafür ist die Verkürzung von Formeln. Wenn Sie das optimale Endziel des Autogenen Trainings erreicht haben, reicht in der Regel schon die folgende Formel aus, um die organismische Umschaltung in den Zustand der Entspanntheit zu gewährleisten:

Schwere – Wärme – Ruhe

Oder ganz schlicht:

Autogenes Training.
(Jede Silbe langsam und betont im Rhythmus gesprochen.)

Es ist jedoch nicht unbedingt notwendig, daß Sie das optimale Endziel erreicht haben müssen, bevor Sie von Verkürzungen profitieren können. Sie können auch mit einzelnen Übungsformeln so etwas wie eine Teilentspannung erreichen. Diese wirken nach dem Prinzip des Parsprototo.

→ 1. Schulter-Nacken-Feld

Das Schulter-Nacken-Feld ist ein besonders sensibler Bereich. Bei psychischer An-spannung kommt es dort sehr leicht zu muskulärer Verspannung, die häufig auch die Ursache für Kopfschmerz ist. Punktuelle Kältereize, die hier einwirken, lösen nicht nur örtliche Reaktionen aus, sondern führen sehr schnell zu einer Gesamtre-aktion der ganzen entsprechenden Körperhälfte. Anscheinend gibt es einen biolo-gischen Zusammenhang mit der positiven Wirkung des Nackenkraulens bei Säu-getieren und dem Phänomen, daß Jungtiere vom Muttertier meist am Nackenfell gegriffen und getragen werden und in dieser Haltung dann völlig entspannt und immobilisiert in ihrem Fell wie in einem Sack hängen. (Vgl. Kraft S. 119)

Die Formel dazu:

Schulter-Nacken-Feld weich und warm.

Vermeiden Sie dabei das Ansprechen von Schwere, weil damit häufig ungünstige Assoziationen ausgelöst werden. Diese Übung läßt sich sehr gut durch die Atemü-bung ergänzen. Also:

Schulter-Nacken-Feld weich und warm.
Atmung ruhig und regelmäßig.

→ 2. Die Atem-Übung

Die Atem-Übung können Sie jederzeit auch allein nutzen, um sich ein Stück Ent-spannung zu verschaffen oder Ihre Aufgeregtheit zu dämpfen. Das kann Ihnen be-sonders dann gut helfen, wenn die Prüfung kurz bevorsteht und Sie sich vor der Tür des Prüfungszimmers befinden. Auch in der Prüfungssituation selbst ist die Atem-Übung gut einsetzbar, z.B. auch dann, wenn Sie einen Blackout bekom-men. Tiefes und ruhiges Atmen ist dann der erste Schritt zur Bewältigung. Darauf werden wir ausführlich im Kapitel »Training für mündliche Prüfungen – Das Prü-fungsverhalten« (S. 138ff.) eingehen.

→ 3. Kombination von Atem- und Stirnkühle-Übung

Wenn Sie nur kurze Zeit zur Verfügung haben und Ihre Konzentrationsfähigkeit verbessern möchten, empfiehlt sich insbesondere die Kombination von Atem-Übung und Stirnkühle-Übung:

Atmung ruhig und regelmäßig.
Stirn angenehm kühl. (Ein kühler Lufthauch streift die Stirn.)

Autogenes Training und Leitmotive für die Prüfung

Bei ernsthafter Übung des Autogenen Trainings eignen Sie sich nicht nur eine Entspannungstechnik an, sondern auch eine innere Haltung, die durch Gelassenheit geprägt ist. Man lernt es, die Dinge loszulassen und sich eine heilsame Distanz zu verschaffen.

Darüber hinaus kann man das Autogene Training auch ergänzen, indem man sich bestimmte Ziele setzt und die Kraft der Autosuggestion darauf verwendet. Dafür ist die von Schultz so genannte formelhafte Vorsatzbildung vorgesehen, die meist erst in den Kursen für Fortgeschrittene behandelt wird. Mit der Vorsatzbildung wird der hypnoide Zustand der eingeengten Bewußtheit genutzt. Ausgedrückt in einer kurzen Formel soll eine positive Leitvorstellung bestimmt werden, wie

Ich schaffe die Prüfung. Ich bin in der Prüfung ruhig und sicher.

Nach den Anforderungen des klassischen Autogenen Trainings ist die Voraussetzung für die Wirksamkeit solcher Vorsatzbildung eine sichere Beherrschung der Grundstufe – d.h. der prompten Umschaltung auf den Entspannungszustand. Dies scheint jedoch keine unabdingbare Voraussetzung zu sein. Allein die Ausrichtung von Gedanken und Vorstellungen auf die positive Bewältigung einer Situation ist geeignet, positive Effekte auszulösen, indem sie ein Leitmotiv vermittelt und entsprechende Handlungsmotivation erzeugt. Mit der Konzentration der Vorstellungskraft auf einen geglückten Verlauf der Prüfung wird die Wahrnehmung auf konkrete Handlungsmöglichkeiten und Kompetenzen gelenkt; infolgedessen wächst auch das Selbstvertrauen. Außerdem wird damit ein Gegengewicht geschaffen zu der Neigung, bevorzugt Situationen des Scheiterns vorwegzunehmen

– eine Neigung, die den »Besorgtheitsfaktor« erhöht und damit auch die Prüfungsangst verstärkt (vgl. dazu das Kapitel »Prüfungsangst verstehen«, S. 19ff.).
  Die adäquate Formel für Ihr Leitmotiv müssen Sie sich selbst erarbeiten. Sie sollte

● Ihrer Person gemäß sein, d.h. zu Ihnen passen:
  So sollten Sie, wenn Sie selbst z.B. ein nervöser und zappeliger Typ sind, sich
  nicht das Ziel setzen, »in der Prüfung völlig ruhig zu sein«;
● für Sie auch vertretbar und im Prinzip realisierbar sein!
  Also nicht: »Ich schaffe die Prüfung in Superform«, wenn der Stand Ihres Wissens bestenfalls auf ein Befriedigend hoffen läßt.

Weiterhin sollte Ihr Leitmotiv

● in der Ich-Form ausgedrückt sein, da es Ihr persönliches Ziel anspricht;
  Also: »Ich schaffe es« und nicht: »Die Prüfung ist zu schaffen.«
● kurz, knapp und prägnant sein;
  Also: »Ich bin ruhig« statt: »Ich werde in der Prüfung vorwiegend ruhig reagieren.«
● eine positive Aussage enthalten;
  Also nicht: »Ich habe keine Angst«, sondern: »Ich bin zuversichtlich.«
● in der Gegenwartsform formuliert sein;
  Also nicht: »Ich werde konzentriert sein« , sondern: »Ich bin konzentriert.«

Und wenn Sie obendrein noch einen kreativen Einfall haben, wie Sie die Formel
rhythmisch akzentuieren oder gar einen Reim dazu finden können, um so besser.

Autogenes Training und Mentales Training – Bestärkung von Ressourcen

In meinen Kursen mit Studierenden verwende ich das Autogene Training auch als
Grundlage für eine mentale Übung, bei der es um das Durchspielen von angsterre-
genden Momenten der Prüfung geht, mit dem Ziel, diesen aktive Bewältigungsre-
aktionen entgegenzusetzen.
  Die Teilnehmer bringen sich zunächst durch die Übungen der Grundstufe
in einen Entspannungszustand. Dann wird bei ihnen durch einen vorgelesenen

Text, der sie in die Prüfungssituation versetzen soll, Aufregung erzeugt und dieser anschließend entgegengewirkt durch Entspannungsformeln im Sinne der Gegenkonditionierung. Zum anderen werden die Teilnehmer auf ihre vorhandenen positiven Ressourcen – ihre Fähigkeiten und Handlungsmöglichkeiten – gelenkt, wodurch sie sich ihrer eigenen Kräfte vergewissern und darin bestärken können. Die Vorstellungsübung beginnt nach der Stirnkühle-Übung.

Der Instruktionstext lautet folgendermaßen:

Stellen Sie sich nun vor, Sie haben Ihre mündliche Prüfung vor sich. Sie müssen morgen antreten ... Der Prüfer ist streng, aber gerecht. Er wird Ihnen auf den Zahn fühlen, ob Sie wirklich etwas können! ... Sie spüren Ihre Aufregung, die Symptome Ihrer Prüfungsangst ... Sie lassen sich davon nicht irritieren ... Atmung ist ruhig und regelmäßig, ruhig und regelmäßig. Atmung ist tief und ruhig ...

Sie haben sich gut vorbereitet. Sie bewahren die Ruhe ... Sie sind gut konzentriert ... Sie haben ein gut strukturiertes Wissen im Kopf ... Besinnen Sie sich auf Ihre Stärken ... Führen Sie sich Ihre Fähigkeiten vor Augen ... Sie werden sich darauf stützen können. Sie sind gut gerüstet! ... Herz schlägt ruhig und regelmäßig ... Atmung ist tief und ruhig ... Sie fühlen sich ganz entspannt ...

Der Prüfer stellt schwierige Fragen ... Atmung ist ruhig und regelmäßig ... Sie hören gut zu und nehmen sich die Zeit zum Nachdenken. Dann erst beginnen Sie mit Ihrer Ausführung ... Herz schlägt ruhig und regelmäßig ... Sie antworten präzise und sachlich mit guten Argumenten ... Sie haben das Wissen parat und können es überzeugend darstellen ... Sie nutzen Ihre Fähigkeiten ... Der Prüfer hört Ihnen aufmerksam und interessiert zu ... Er ist einverstanden mit Ihren Antworten ... Sie freuen sich über die positive Rückmeldung. Sie haben das Gefühl, die Prüfung läuft gut.

Sie fühlen sich ruhig und entspannt ... Sie sehen den Dingen gelassen entgegen.

Abschließend Rücknahme

Für Ihre Übung zu Hause sollten Sie sich den Text gut einprägen, so daß Sie ihn sich anschließend vergegenwärtigen und stimmlos hersagen können.

Eine andere Möglichkeit besteht darin, daß Sie den Text auf Band sprechen und sich ihn dann anhören. Probieren Sie es aus!

Sie können den Text auch – Ihren eigenen spezifischen Ängsten entsprechend – abwandeln bzw. selbst einen eigenen Text gestalten. Machen Sie von den Entspannungsformeln Gebrauch, wenn Ihre Aufregung ansteigt. Wiederholen Sie die Formeln entsprechend Ihrem Bedürfnis.

Die Teilnehmer meiner Workshops haben diese Übung als sehr angenehm und hilfreich erfahren und auch für das eigene Training zu Hause weiter genutzt.

Autogenes Training und Phantasieübungen

Das Autogene Training läßt sich gut ergänzen durch Konzentration auf bildhafte Vorstellungen und Phantasien, die das Entspannungserleben vertiefen können. Gerade dann, wenn Sie Schwierigkeiten haben, sich lediglich auf Ihre Körperempfindungen zu konzentrieren, sollten Sie probieren, sich ein sogenanntes »Ruhebild« zu schaffen. Auf diese Weise läßt sich das Üben des Autogenen Trainings auch abwechslungsreicher gestalten.

Instruktionstext: Persönliches Ruhebild

Besinnen Sie sich auf einen Ort oder Platz, an dem Sie sich in der letzten Zeit besonders entspannt und wohl gefühlt haben.

Vielleicht fällt Ihnen eine Situation am Strand ein, wo Sie in der warmen Sonne an einem einsamen Strand gelegen haben – wohlig entspannt. Der Himmel über Ihnen strahlend blau ohne ein Wölkchen. Eine leichte Brise wehte vom Meer her. Ihr Blick schweifte über die sanften Meereswellen und die weite sandige Bucht. Sie fühlten sich rundherum wohl, ohne jede Anspannung.

Oder Sie erinnern sich an die lichtdurchflutete grüne Wiese mit tausend Blumen, auf der Sie sich im letzten Sommer nach einem langen Spaziergang durch die Felder ausruhten.

Machen Sie dieses Bild zum Gegenstand Ihrer Betrachtung. Konzentrieren Sie sich auf Ihre Sinne. Beginnen Sie, sich formelhaft ins Gedächtnis zu rufen, was Sie *gesehen, gehört, gerochen* und *gespürt* haben, z.B.:

*»Ich **sehe** das türkisfarbene Meer, die auflaufende Brandung mit ihrer weißen Gischt. Ich sehe in der Ferne ein Segelboot ...*

*Ich **höre** das Rauschen des Meeres, die Wellen, die an den Strand schlagen ...*

*Ich **rieche** den frischen Geruch des Meeres, das nussige Öl auf meiner Haut ...*

*Ich **spüre** den Sand zwischen meinen Fingern ...«*

Malen Sie sich diese Situation aus und genießen Sie sie. Lassen Sie dabei auch die Entspannungsformeln einfließen, die ruhige Atmung, den ruhigen Schlag Ihres Herzens usw. Vielleicht können Sie dieses Ruhebild auch weiterhin für Ihre Übungen als Einstieg oder auch als Ergänzung nutzen.

Wenn Sie selbst nicht genügend Phantasie haben, Ihnen diese Form der Entspannung aber gut gefällt, dann empfehle ich Ihnen das Buch von Else Müller, das eine Fülle von solchen kleinen Phantasieschilderungen enthält (vgl. Literaturtips).

Andere Entspannungsmethoden: Progressive Muskelentspannung und Yoga

Progressive Muskelentspannung nach Jacobson

Das Entspannungstraining nach Jacobson (1938) funktioniert nach einem anderen Prinzip, nämlich dem Wechsel von muskularer Anspannung und anschließender Entspannung. Die Muskeln des Körpers werden dabei in bestimmter Reihenfolge nacheinander angespannt und wieder entspannt, die Aufmerksamkeit wird auf den Unterschied in den Empfindungen gerichtet. Die Methode ist im nordamerikanischen Raum weit verbreitet. Sie fand besonders in der Verhaltenstherapie bei der gezielten Veränderung von Verhaltensreaktionen gegenüber angstauslösenden Reizsituationen Verwendung. Ein Vorteil der Methode liegt darin, daß sie sich relativ leicht und schnell erlernen läßt; sie kommt insbesondere dem Bedürfnis nach aktiver Betätigung entgegen. Prüfen Sie selbst, ob Ihnen die Progressive Muskelentspannung vielleicht mehr liegt als das Autogene Training.

Bei den Übungen werden die Muskelgruppen der folgenden Körperbereiche jeweils separat berücksichtigt:

- Hände und Arme,
- Gesicht und Schultern,
- Brustkorb, Bauch und Rücken,
- Beine.

Die Übungsschritte sind nach dem folgenden Prinzip aufgebaut:

→ 1. Anspannung der Muskelgruppe, 5-10 Sekunden halten,
→ 2. Lockerung der Muskelgruppe, Lösen der Spannung,
→ 3. 30 Sekunden Entspannung und Nachspüren.

Der Instruktionstext zur Langform der Progressiven Muskelentspannung ist, da er die verschiedenen Muskelgruppen der körperlichen Bereiche ganz detailliert anspricht, sehr umfangreich. Damit Sie jedoch die Übungen einmal ausprobieren können, gebe ich Ihnen im folgenden eine Teilinstruktion, die sich an eine Kurzform in sieben Schritten von Ohm (1997) anlehnt. Für weitere Übungen empfehle ich Ihnen die am Ende von Kapitel »Mit Prüfungsangst umgehen lernen – Entspannung durch körperliche Anstrengung« (S. 120) genannte Literatur. Im folgenden eine schematische Übersicht über alle Übungen:

Kurzform der Progressiven Muskelentspannung in 7 Schritten – Zusammenstellung der Übungen

1.	rechter Arm	möglichst alle Muskeln des rechten Armes anspannen
2.	linker Arm	möglichst alle Muskeln des linken Armes anspannen
3.	Schultern	Schultern hochziehen
4.	Gesicht	Gesichtsmuskeln anspannen, Grimasse
5.	Rumpf	Rückenmuskeln und Bauchmuskeln anspannen
6.	rechtes Bein	Gesäß, Oberschenkel, Unterschenkel anspannen
7.	linkes Bein	Gesäß, Oberschenkel, Unterschenkel anspannen

Bevor Sie mit den Übungen beginnen, begeben Sie sich zunächst wie beim Autogenen Training in eine entspannte Sitzhaltung, legen die Hände auf Ihren Oberschenkeln ab und schließen die Augen.

Bei den Übungen sollten Sie die jeweiligen Muskelpartien für etwa 5 bis 10 Sekunden anspannen und sie anschließend für etwa 30 Sekunden vollständig loslassen.

→ **1. Übungsteil: Entspannung von Händen und Armen**

→ *Hände*

Konzentrieren Sie sich auf Ihre rechte Hand und den rechten Unterarm (Linkshänder sollten mit links beginnen). Wie fühlen sich Hand und Unterarm an?

Ballen Sie die Hand nun zur Faust. Steigern Sie die Spannung, bis Sie sie deutlich spüren, ohne zu verkrampfen.

Anspannung: 5-10 Sekunden.

Jetzt lassen Sie los. Lassen Sie den Arm ganz bequem und locker liegen. Spüren Sie dem Gefühl in Hand, Fingern und Unterarm nach. Lassen Sie ganz los und spüren Sie die entspannten Muskeln.

Entspannung: etwa 30 Sekunden.

Konzentrieren Sie sich nun auf die andere Hand und den Unterarm. Wie fühlen sie sich an? Ballen Sie nun die Hand zur Faust. Steigern Sie die Spannung...

Jetzt lassen Sie wieder los. Lassen Sie Ihren Arm bequem und locker liegen. Spüren Sie dem Gefühl in Hand und Arm genau nach. Die Entspannung weitet sich mehr und mehr aus.

→ *Beide Hände*

Wenden Sie sich nun beiden Händen zu.

Ballen Sie beide Fäuste. Achten Sie auf das Spannungsgefühl in den Unterarmen, den Händen, den Fingern.

Lösen Sie nun die Spannung. Lassen Sie Ihre Hände und Arme locker liegen. Lassen Sie ganz los. Spüren Sie dem Gefühl der Entspannung nach.

→ *Oberarme*

Konzentrieren Sie sich als nächstes auf die Oberarme. Nehmen Sie bewußt wahr, wie sie sich anfühlen.

Beugen Sie nun Ihre Arme nach oben in Richtung Schultern. Spannen Sie die Muskeln der Oberarme – die Bizepse – an. Lassen Sie die Hände dabei locker. Spüren Sie die Spannung in den Oberarmen.

Jetzt legen Sie Ihre Arme wieder locker auf Ihre Oberschenkel zurück. Lassen Sie ganz los und spüren Sie die Lockerung in Ihren Muskeln.

Nun geht es zu den Streckmuskeln der Oberarme. Wie fühlen sich Ihre Oberarme in diesem Moment an?

Drehen Sie die Innenseite Ihrer Handflächen nach oben und strecken Sie dabei die Arme, so daß die Außenfläche Ihrer Finger Ihre Oberschenkel bzw. Knie berührt. Achten Sie dabei auf die Spannung in den Streckmuskeln Ihrer Oberarme.

Lösen Sie die Spannung nun wieder auf. Lassen Sie die Arme locker auf die Oberschenkel zurücksinken. Spüren Sie dem Gefühl in Ihren Oberarmen nach, und lassen Sie die Entspannung sich ausdehnen. Genießen Sie das angenehme Gefühl von Lockerheit und Gelöstheit in den Armen. Lassen Sie die Entspannung sich mehr und mehr auf Ihren ganzen Körper ausdehnen.

→ 2. Übungsteil: Entspannung von Gesicht und Schultern

→ *Gesicht*

Lenken Sie Ihre Aufmerksamkeit nun auf Ihr Gesicht. Spüren Sie, wie es sich anfühlt.

Ziehen Sie die Augenbrauen hoch und runzeln Sie die Stirn. Steigern Sie die Spannung. Spüren Sie die Anspannung an Ihrer Stirn.

Jetzt lösen Sie Ihre Muskeln und lassen ganz los. Achten Sie auf das angenehme Gefühl der Entspannung und Lockerung in Stirn und Augenbrauen.

Achten Sie auf Ihre Augenpartie. Wie fühlt sie sich an?

Kneifen Sie nun die Augen zusammen. Spannen Sie die Muskeln an und halten Sie die Spannung, ohne daß es unangenehm wird.

Dann lösen Sie die Spannung vollständig auf und spüren dem angenehmen Gefühl der Lockerung nach. Lassen Sie die Entspannung sich mehr und mehr ausdehnen.

Auf diese Weise folgen dann die Kiefermuskeln, für deren Anspannung Sie die Zähne aufeinanderbeißen sollen, anschließend werden die Lippen angespannt, indem sie aufeinandergedrückt werden.

→ *Schulter und Nacken*

Die Übung, die sich auf Schulter und Nacken konzentriert, spricht zunächst den Kopf und dann die Schultern an. Für die Anspannung des Kopfes wird angeregt, ihn zunächst nach hinten in den Nacken zu legen, ihn dann zur rechten Seite und anschließend zur linken Seite zu bringen. Zur Phase der Entspannung wird der Kopf wieder in eine angenehme Position gebracht und die Muskulatur des Nackens gelöst.

Für die *Rücknahme* der Entspannung wird folgende Formel empfohlen:

Arme mehrmals fest anbeugen, tief durchatmen, Augen auf.

Diese Entspannungsmethode läßt sich sehr gut allein lernen. Es werden aber auch hierzu an Volkshochschulen oder vielleicht auch an Ihrer Universität Kurse angeboten.

Yoga

Auch das Yoga, das aus der hinduistischen Kultur stammt, und inzwischen im deutschen Raum viel Anklang gefunden hat, ist eine hervorragend geeignete Methode, um sich körperlich und geistig zu entspannen (Mohan, 1994). Geübt werden dabei bestimmte Körperstellungen (»asanas«), die gezielt in fließende Bewegungen aufgelöst werden. Die muskuläre Anstrengung wird dabei so lange aufrechterhalten, bis eine subjektive Grenze erreicht ist und der Wechsel zur Lösung nahegelegt wird. Anders als beim Autogenen Training wird hierbei mit *aktiven* Atemübungen (»pranayama«) die Atmung verstärkt, vertieft und belebt. Die Konzentration wird bei den Übungen durch die Ausrichtung auf die richtige Bewegungsabfolge und durch Zählen gebunden. Als Resultat der Übungen wird ein gutes Körpergefühl wie auch eine intensive Entspannung erreicht. Manche Richtungen des Yoga beziehen auch die Meditation mit ein.

Für diejenigen, die sich nur schwer auf die relativ eintönigen Übungen des Autogenen Trainings konzentrieren können, bietet sich mit dem Yoga eine attraktive Alternative an. Yoga läßt sich am besten in der Gruppe lernen. Halten Sie nach Kursen Ausschau, die von erfahrenen Yoga-Lehrern angeboten werden und lassen Sie sich von Psychologen und Ärzten bei der Wahl beraten.

Einfache Entspannungsübungen für den Alltag

Für den Fall, daß Sie es nicht schaffen sollten, sich das Autogene Training oder die Progressive Muskelentspannung zu eigen zu machen, gebe ich Ihnen eine Reihe von einfachen Übungen an die Hand, die im Alltag sehr hilfreich sein können.

→ **Atemübung 1**

Atmen Sie tief ein und atmen Sie langsam wieder aus. Nach dem Ausatmen legen Sie eine Pause ein, in der Sie langsam bis drei zählen.

Nach etwa fünf Atemvorgängen stellt sich bereits die Entspannung ein. Insgesamt sollten Sie die Übung nicht länger als zwei Minuten lang durchführen. Sie können die Atemübung auch ergänzen durch eine Autosuggestion, indem Sie während des Ausatmens zu sich sagen:

Ich bin ruhig und entspannt.

→ **Atemübung 2**

Für den Fall, daß Ihre Konzentration bei der Arbeit für die Prüfungsvorbereitung abschweift oder Sie von angsterzeugenden Gedanken heimgesucht werden, empfiehlt sich die folgende Übung:

Atmen Sie tief ein und aus. Zählen Sie beim Einatmen »Eins« und beim Ausatmen »Zwei«. Wiederholen Sie dies zwei Minuten lang.

Zur Unterstützung und Ergänzung können Sie sich die folgende Autosuggestion im Takt der Atmung sagen:

Beim Einatmen:
Ich werde es
beim Ausatmen:
schaffen.

Beide Atemübungen helfen auch recht gut beim Einschlafen. Sie werden allerdings eine stärkere Wirkung erzielen, wenn Sie zuvor das Autogene Training erlernt haben. Vielleicht versuchen Sie es doch noch einmal!?

Entspannung durch körperliche Anstrengung

Nicht immer ist eine Entspannungsübung die adäquate Methode, um Anspannungs- und Erregungssymptomen zu begegnen. Manchmal fällt es einfach zu schwer, ruhig zu werden und störende Gedanken bewußt beiseite zu stellen. Dann ist es besser, für aktive körperliche Betätigung zu sorgen. Wenden Sie sich lieber Ihrem Lieblingssport zu, bei dem Sie sich so richtig austoben und »auspowern« können. Bei dem einen ist es das Schwimmen oder Joggen, bei der anderen Gymnastik oder Tennis. Nach einer Stunde Aerobic oder Waldlauf, vorausgesetzt, diese Sportarten liegen Ihnen, fühlen Sie sich vielleicht zunächst außer Puste und »völlig k.o.«. Anschließend stellt sich jedoch ein wohliges Körpergefühl ein. Sie sind Ihre unangenehme Spannung losgeworden, und auch die lästigen Gedanken sind verschwunden.

Grobmotorische körperliche Betätigung bewirkt, physiologisch gesehen, den Abbau von Streßhormonen (von Adrenalin und Noradrenalin) und die Ausschüttung von Endorphinen, den körpereigenen »Glückshormonen«, die Ihnen angenehme Gefühle verschaffen. Es muß aber nicht unbedingt ein Sport sein, der Sie in diesen Zustand versetzt. Ebenso kann irgendeine körperliche Arbeit, die Sie so richtig fordert und die schweißtreibend ist, diesen Effekt auslösen. Für den einen ist es das Putzen des Autos oder das Bauen eines Bücherregals, für die andere die Arbeit im Garten, das Rasenmähen und die Hecke beschneiden. Das verschafft nicht nur Entspannung, sondern bringt obendrein noch Erfolgserlebnisse mit sich.

Und last not least: Vergessen Sie den Sex nicht. Er verhilft Ihnen natürlich auch zu Entspannung und angenehmen Körpergefühlen.

Fügen Sie die Freiräume für sportliche und körperliche Betätigung rechtzeitig in Ihre Wochenpläne ein, und geben Sie sich zu den vorgesehenen Zeiten auch tatsächlich frei. Manchmal müssen Sie vielleicht sogar eine Schwelle überwinden, um den Plan in die Tat umzusetzen. Aber es lohnt sich, denn Sie sorgen damit für Ihr körperlich-seelisches Gleichgewicht und für Ihre Arbeitsmotivation.

Literaturtips:

Brenner, H., *Entspannungstraining*. München: Humboldt-Taschenbuchverlag, 1997.

Ohm, D., *Progressive Relaxation*. Stuttgart: Trias, 1997.

Mohan, A.G., *Yoga. Rückkehr zur Einheit*. Via Nova, 1994.

Prüfungsangst reduzieren durch Analyse von Selbstaussagen

Prüfungsangst ist, wie in dem Kapitel »Prüfungsangst verstehen« (S. 11ff.) darge- stellt, ein komplexes Phänomen, das man auf vier verschiedenen Ebenen beein- flussen kann:

- auf der Ebene des emotionalen Erlebens,
- auf der physiologischen Ebene der Erregung,
- auf der Ebene von Vorstellungen und Gedanken und
- auf der Ebene des Verhaltens.

Im Kapitel »Prüfungsangst durch Entspannungsübungen abbauen« (S. 93ff.) haben Sie erfahren, wie Sie mit Entspannungsmethoden insbesondere auf der physiologi- schen Ebene der Erregung ansetzen und damit auf das Erleben von Prüfungsangst einwirken können. Im folgenden werden Sie eine Methode kennenlernen, mit der Sie sich auf Ihre Vorstellungen und Gedanken konzentrieren und darüber Ihre Prüfungsangst beeinflussen können. Doch zuvor wird es nötig sein, den Zusam- menhang von Gedanken und Gefühlen genauer zu betrachten.

Der Zusammenhang von Gedanken und Gefühlen

Vielleicht stellt sich Ihnen gleich zu Beginn die skeptische Frage, ob man mit Gedanken überhaupt etwas gegen Gefühle ausrichten kann. Es kommt Ihnen die weit verbreitete Meinung in den Sinn, daß Gefühle so stark sind, daß sie sich gar nicht steuern lassen. Das trifft z.B. besonders auf die Liebe zu, der man vermeintlich machtlos gegenübersteht, wenn es einmal »eingeschlagen« hat. Weithin bekannt ist auch die Überzeugung: »Wenn Gefühle im Spiel sind, dann setzt der Verstand aus.« Gefühle erscheinen beinahe wie ein Naturereignis, das man hinnehmen muß. Aber: Wie entstehen Gefühle eigentlich? Nur aus dem Bauch heraus, wie man so schön sagt? Bleiben wir bei dem Beispiel mit der Liebe. Angenommen, Sie verlieben sich in jemanden. Kommt das Gefühl schlagartig über Sie, ohne daß der Kopf mitbeteiligt ist?

Zuerst fällt Ihnen das »Objekt Ihrer Begierde« auf; Sie sehen es und beurteilen es gleichzeitig, z.B. (ich nehme hier ein Beispiel für die Leser*in*): »Er sieht toll aus; er hat eine aufregende Stimme, genau wie Tom Cruise. Seine Augen sind hinreißend, sie erinnern mich an meinen ersten Freund« usw. Gleichzeitig spüren Sie aufregende Liebesgefühle in sich aufsteigen. Und es entsteht der Wunsch, ihn kennenzulernen. Das läuft natürlich ganz schnell und unbemerkt ab. Aber Gedanken sind auf jeden Fall von Anfang an im Spiel. Und wenn Sie über diesen Traummann erfahren sollten, daß er zu Gewalttätigkeit neigt und an der Grenze zum Alkoholismus steht, dann wird Ihr Gefühl wahrscheinlich gedämpft und durch andere Gefühle überlagert werden. Ihre frohe Erwartung wird nurmehr gering ausfallen.

Gedanken und Vorstellungen beeinflussen unsere Gefühle in hohem Maße, ja sie können sie auch erst erzeugen. Stellen Sie sich die folgende Situation vor:

Ihr Professor kommt in das Prüfungskolloquium und eröffnet die Sitzung mit folgenden Worten:

Ich möchte heute mit Ihnen eine Übung machen, die Sie für die Prüfungssituation trainieren soll. Ich habe einige Aufgaben aus einem Intelligenztest für Hochbegabte herausgesucht. Es sind Aufgaben, die Sie mündlich beantworten sollen. Ich rufe gleich einige von Ihnen auf. Bitte konzentrieren Sie sich gut auf die Fragen und strengen Sie sich an.

Was würde die Ankündigung bei Ihnen auslösen?

Große Freude, daß Sie endlich mal zeigen dürfen, was wirklich in Ihnen steckt? Oder vielleicht erst mal Wut und Protest gegen diese Art von Übung, weil Sie sowieso gegen Intelligenztests sind?

Oder vielleicht einen ziemlichen Schreck?

Aber wie und wodurch wird der Schreck ausgelöst? Durch den Professor, durch den Intelligenztest oder wodurch?

Stellen Sie sich folgende fiktive Personen vor:

– Der Kommilitone Jens denkt sich: »Bei Intelligenztests schneide ich immer gut ab. Nur zu!«
– Die Studentin Juliane denkt sich: »O je, meine analytische Intelligenz ist ziemlich schwach. Wie stehe ich dann bloß vor den anderen da?«
– Alexander sagt sich: »So ein Test ist ja noch schlimmer als eine Prüfung. Da weiß ich ja überhaupt nicht, worauf es ankommt!«
– Barbara denkt: »Mal sehen, was das für ein Test ist. Das kann ja ganz spannend werden. Obendrein lerne ich was dabei.«

Was meinen Sie, welche Gefühle diese Personen haben? Ordnen Sie die folgenden Schilderungen den jeweiligen Personen zu:

a) Hat Angst vor schlechtem Abschneiden und befürchtet, daß es peinlich wird.
b) Fühlt sich herausgefordert wie bei einem Wettkampf,
c) Empfindet Neugier und angenehme Erregung.
d) Verspürt heftige Aufregung, Herzklopfen und Verwirrung.

Vergleichen Sie Ihre Lösung mit den Antworten auf der nächsten Seite.

Fragen Sie sich nun selbst, was die Ankündigung des Professors bei Ihnen auslösen würde. Welche Gedanken und welche Gefühle? Und notieren Sie diese.

Kommen wir auf das Prüfungskolloquium und den Professor zurück. Er hatte gar nicht ernsthaft vor, mit seinen Studierenden den Intelligenztest zu machen und bläst diese Aktion wieder ab. Er wollte mit diesem kleinen Experiment nur etwas zeigen, nämlich, daß Gedanken, ohne daß etwas real passiert, allein schon in der

Lage sind, Gefühle zu erzeugen. Und daß es von den Gedanken abhängt, welche Gefühle auftreten.

Diesen Zusammenhang stellt der amerikanische Psychologe Ellis (1977) in den Mittelpunkt seiner rational-emotiven Therapie. Er vertritt den Grundsatz, daß es nicht die Dinge sind, die uns unangenehme Gefühle machen, sondern, daß es die Gedanken über die Dinge sind. Der Ansatzpunkt der Theorie von Ellis sind die Kognitionen, d.h. die Gedanken, Beurteilungen und Bewertungen, die in den inneren Selbstaussagen von Menschen enthalten sind, und ihr emotionales Erleben beeinflussen.

Unser Beispiel macht anschaulich klar, daß Sie sich mit Ihren Gedanken gute oder schlechte Gefühle machen können. Das gilt auch für Prüfungsangst. Die Methode der Analyse von Kognitionen bzw. Selbstaussagen werden wir im folgenden genauer betrachten und anwenden. (Lösung zum Beispiel der fiktiven Personen: Jens b), Juliane a), Alexander d), Barbara c))

Das ABC der Analyse von Selbstaussagen – Die Kognitionsanalyse

Das ABC der Kognitionsanalyse wird Ihnen vor Augen führen, daß man mit seinen inneren Selbstaussagen, den »Beliefs«, die Prüfungsangst enorm verstärken und damit in einen Teufelskreis geraten kann. Man kann sich aber auch umgekehrt wieder daraus befreien. Das soll an einem Beispiel aufgezeigt werden (s. S. 125).

Wie man Prüfungsängste verstärkt und wie man sie bewältigt

Mit **A** werden die aktivierenden Ereignisse bezeichnet (**A= A**ctivating events), die bestimmte Bewertungen oder Bewertungsmuster (**B= B**eliefs) auslösen. Diese Bewertungen ziehen Konsequenzen (**C= C**onsequences) nach sich, die sich auf der Ebene physiologischer Erregung und der Verhaltensebene abspielen. Dieser Zusammenhang wird dann besonders bedeutsam, wenn es zu bedrohlichen und belastenden Gefühlen kommt, die obendrein im Widerspruch zu einem angestrebten Ziel stehen.

ABC der Kognitions-Analyse

Ebene I

A: Activating events:
Auslösende Situation   P. denkt an Prüfung, die er bestehen möchte.

B: Beliefs/Selbstaussagen,   »Es wird herauskommen,
Inneres Sprechen: daß ich überhaupt

»Was geht Dir durch   nichts richtig kann« oder: »Mir
den Kopf dabei?«   wird überhaupt nichts einfallen!«

C: Consequences: Unruhe, Aufregung,
Gefühle und   Angst (= Symptome),
Verhaltensweisen   Tendenz zu Flucht- und
als Auswirkungen   Vermeidungsverhalten

Ebene II

A: Gefühle und Verhaltensweisen werden   »Ich habe Angst,
wahrgenommen   fühle mich unter Streß etc ...«

B: Bewertung der eigenen   »Ich habe eine irre Angst!«
Wahrnehmungen: »So kann ich die Prüfung nie schaffen!«
Wie bewertest Du   »Die Angst ist zu groß!«
Deine Gefühle?   = Nicht-Akzeptieren der Symptome
(»Es sollte nicht so sein, es ist
schlimm, daß es so ist.«)

C: Gefühle verstärken sich   Noch größere Angst,
verstärkte Tendenz zur Flucht

(Ebene III könnte angeschlossen werden: Analyse jeweils auf der Meta-Ebene, Wahrnehmung des bis dahin erzeugten Zustandes.)

Der Auslöser (A) ist Peters Gedanke an die Prüfung, die er unbedingt bestehen möchte. Statt sich nun aber durch Selbstaussagen darin zu ermuntern und zu bestärken, treten in seinem Kopf Gedanken auf, die dem zuwiderlaufen: »Schlimmes steht bevor« (B), und die Folge (C) bleibt nicht aus: Er verspürt heftige Unruhe und den Wunsch, der Situation zu entfliehen. Solche »Beliefs« können bewußt oder auch unbewußt sein. Vielleicht gibt es auch eine Neigung bei Peter zum Pessimismus. Aber was soll's? Er hat sich entschieden, die Prüfung zu machen und ist trotzdem dabei, sein Vorhaben zum Scheitern zu bringen.

Dieses ABC läßt sich fortsetzen auf der Ebene 2; denn das, was Peter erlebt hat bei C, nimmt er wiederum wahr und beurteilt es:

»Ich habe Angst, fühle mich schlecht und möchte am liebsten abhauen.« Und diesmal richtet sich die Bewertung (B) auf die folgende Wahrnehmung: »Ich habe eine riesengroße Angst. Sie ist viel zu groß, als daß ich damit die Prüfung schaffen könnte.« Und es kommt eine weitere Bewertung hinzu, nämlich: »Es ist schlimm, daß ich eine solche Angst habe.« Und: »So eine Angst sollte ich nicht haben!« Mit anderen Worten heißt das: Die Angst sollte weg sein. Peter lehnt sie ab. Er meint, er müsse sie erst loswerden, bevor er die Prüfung schaffen kann.

Was sich hier abspielt, führt zu einer enormen Verstärkung der Angst. Obendrein entsteht bei Peter noch Ärger auf sich selbst und Selbstabwertung: »So sollte ich nicht sein!«, womit auch sein Selbstwertgefühl beeinträchtigt wird. Die Chance des Scheiterns wird dadurch mächtig erhöht.

Die Wendung zu der Frage nach dem Warum – *Warum bin ich so?* – ist dabei meist nur eine Frage, die der Vermeidung dient. Sie läuft lediglich auf wütendes Wehklagen gegen sich selbst hinaus: »Warum bist du so ein Angsthase, so ein Nervenbündel, so ein schwacher Typ???« Und der nächste Schritt führt dann zum Selbstmitleid und in die depressive Verfassung.

Was dabei vermieden wird, ist, die Situation nüchtern hinzunehmen, so, wie sie ist, und die erforderlichen und meist mühevollen Schritte in Angriff zu nehmen. Wie würde dieser Weg aussehen?

Zunächst geht es darum, die Angst und ihre Begleitsymptome zu akzeptieren. Das bedeutet nicht, zu resignieren oder sie gar gut zu finden, sondern sie schlicht als etwas Bestehendes hinzunehmen und zu ihr zu stehen. Das heißt etwa: »Die Angst ist lästig und unangenehm, aber ich habe sie halt und muß mit ihr leben.« Und dann gilt es, daß Sie sich auf Ihr Ziel besinnen, die Prüfung zu bestehen und zu sich sagen: »O.K., ich habe Prüfungsangst, aber ich will trotzdem meine Prüfung bestehen.« Damit öffnen Sie sich die Perspektive auf Möglichkeiten, die Ihnen dabei helfen können.

Man gerät sehr leicht in den am Beispiel von Peter dargestellten Teufelskreis, besonders dann, wenn man zu Selbstbeobachtung und Selbstaufmerksamkeit neigt. Deshalb sollten Sie sich das ABC der Kognitionsanalyse als Methode aneignen, damit Sie den fatalen Gedanken auf die Spur kommen können. Diese Gedanken, mit denen Sie sich fertigmachen, sind meist nur implizit und nicht bewußt. Sie laufen automatisch ab. Erst bei genauerer Betrachtung erweisen sie sich als totalitär und destruktiv. Deshalb sollten Sie ihnen gezielt zu Leibe rücken. Gehen Sie dabei folgendermaßen vor:

→ Führen Sie eine kleine Selbstanalyse durch!

→ 1. Schritt: Den Auslöser erkennen

Fragen Sie sich immer dann, wenn Sie plötzlich heftige Prüfungsangst verspüren oder sogar so etwas wie Panik auftritt, zu allererst:
Welche Gedanken sind vorangegangen? Mit welchen Gedanken mache ich mir Angst?

→ 2. Schritt: Den Gedanken kritisch überprüfen

Trifft das, was ich denke, wirklich zu? Ist der Gedanke angemessen und realistisch?
    Stimmt es z.B., daß ich überhaupt nichts richtig kann, oder kann ich vieles schon recht gut und muß mir noch einiges aneignen, was auch noch zu schaffen ist?
    Stimmt es, daß mir überhaupt nichts einfallen wird? Oder ...

→ 3. Schritt: Die Wirkung des Gedankens erkennen

Fühle ich mich gut, wenn ich so denke? Ist der Gedanke geeignet, unerwünschte und störende Gefühle zu verhindern?
    Sie fühlen sich schlecht bei dem Gedanken, daß Sie mit dieser Angst im Bauch die Prüfung nie schaffen werden. Es würde viel hilfreicher sein, wenn Sie sich sa-

gen würden, daß Sie auch trotz der Angst die Prüfung schaffen können oder, daß Sie die Angst schon in den Griff bekommen werden. Die Ansatzpunkte zur Bewältigung Ihrer Prüfungsangst liegen in der Selbstanalyse.

→ 4. Schritt: Belohnung für die Analyse

Für die Entdeckung Ihrer destruktiven Gedanken sollten Sie sich belohnen, denn damit sind Sie bereits auf dem Weg, sie unschädlich zu machen. Also sagen Sie sich z.B.: »Bravo, das ist der erste Schritt, um mich von der Angst zu befreien.«

→ 5. Schritt: Positive Gegenargumente finden

Wenn Sie Ihre »Beliefs« kritisch überprüft und diskutiert haben, sollten Sie sich damit befassen, Argumente zu suchen, die positiv dagegen sprechen – wie: »Dir wird in der Prüfung schon etwas einfallen. Wenn Du die Ruhe bewahrst, schaffst Du es auch.«

Natürlich müssen diese Argumente auch glaubhaft sein, d.h. auf positiven Voraussetzungen beruhen – z.B.: »Du kannst beruhigt sein. Du machst gute Fortschritte beim Lernen und kannst mit einem sicheren Gefühl in die Prüfung gehen.« Stellen Sie sich die positive Alternative vor Ihr geistiges Auge und lassen Sie sie auf sich wirken.

→ 6. Schritt: Maßnahmen gegen hartnäckige Gedanken

Sicher kennen Sie auch sehr hartnäckige negative Gedanken, die nahezu automatisch auftreten und schwer abzustellen sind. Dabei kann die Methode, die in der Verhaltenstherapie angewendet wird, helfen: Sagen Sie »Stopp« und unterbrechen Sie die Gedanken aktiv. Stellen Sie ihnen ein Haltesignal entgegen. Versuchen Sie, es besonders markant zu machen, z.B. indem Sie sich den inneren Befehl geben, damit aufzuhören und sich dabei mit Ihrem Vornamen anreden.

Sie könnten es obendrein auch noch motorisch unterstützen, indem Sie dabei mit den Fingern schnipsen. Denken Sie sich außerdem eine positive Formel dazu aus, wie: »Das wird die Zukunft zeigen, daß ich das schaffen kann.«

Wenn es mit dem »Stopp« nicht funktioniert, hilft manchmal auch die sogenannte paradoxe Intervention:

Greifen Sie den negativen Gedanken auf, und malen Sie die Situation zu einem richtigen Schauermärchen aus:

Ich werde in der Prüfung kein Wort herausbringen. Meine Hände und Arme werden zittern, meine Knie werden schlottern. Meine Zähne werden klappern vor Angst. Sturzbäche von Schweiß werden an mir herunterlaufen und mich vom Stuhl schwemmen. Ich werde stürzen und das Bewußtsein verlieren. Der Professor wird einen Riesenschreck bekommen und laut rufen: »Herr Brandt, das habe ich nicht gewollt!

Wenn Sie schließlich über die übertrieben negative Situation lachen können, gelingt es Ihnen vielleicht, nicht nur Ihren Humor, sondern auch Ihr Selbstvertrauen wiederzufinden.

Zur Wirkung der Kognitionsanalyse

Das ABC der Kognitonsanalyse verschafft Ihnen bei der Durchführung Einsicht in Ihre Selbstreflexion. Manchmal werden Sie dabei Aha-Erlebnisse haben, die befreiend und ermutigend wirken, z.B.: »Jetzt weiß ich, wie ich mir selbst ein Bein stelle und meine positive Motivation kaputtmache.« Sie bringt Ihnen gleichzeitig die Ansatzpunkte für eine Veränderung nahe. Aber diese sind manchmal nicht so leicht zu realisieren, weil Ihre Gedanken auch das Ergebnis von gewohnheitsmäßigen Neigungen und Tendenzen Ihrer Persönlichkeit sind. Jemand, der sich stets an überhöhten Leistungsansprüchen seines idealen Selbst mißt, wird ständig dazu tendieren, seine kleinen Erfolge abzuwerten und sich selbst als unzulänglich einzuschätzen. Wenn Sie zu diesen Menschen gehören, dann haben Sie mit der kognitiven Selbstanalyse jedenfalls ein Werkzeug in der Hand, mit dem Sie sich bewußt machen können, wie Sie selbst Ihr Selbstbewußtsein schwächen und Ihre Erfolgsaussichten schmälern. Vielleicht wird Ihnen dabei auch aufgehen, daß Sie sich mit diesem Verhalten immer weiter von Ihrem idealen Selbst entfernen!

Die Analyse der Kognitionen ist gut geeignet, die verbreitete Neigung zum Katastrophen-Denken vor Augen zu führen. Sie stellt nüchtern in Frage, ob das, was Sie denken, nicht auf irrationale Übertreibung und Projektion zurückgeht. Wie Sie im Kapitel »Prüfungsangst verstehen« (S. 19) über Prüfungsangst erfahren haben, tragen kindliche Erfahrungen mit der elterlichen Autorität dazu bei, die Bedeutung der bevorstehenden Prüfungssituation gewaltig zu dramatisieren.

Richten Sie die Selbstanalyse einmal auf die Frage, warum Sie gerade jetzt in der Situation, wo Sie alles tun sollten, um sich für die Prüfung zu rüsten, Ihre Gedanken auf das Scheitern richten. Stellen Sie sich die Frage, welcher Gewinn für Sie darin liegt, d.h. welche belohnenden Bedingungen in der Folge für Sie auftreten. Vielleicht werden Sie darauf stoßen, daß Sie sich bei solchen Vorstellungen so klein und mies fühlen, daß Sie nicht weiterlernen können, sondern sich erst einmal etwas Gutes gönnen müssen. Die Arbeit für den Moment loszuwerden, wirkt durchaus als positiver Verstärker und verfestigt das selbstabwertende Verhalten.

Manchmal tritt dabei auch der Mitleidseffekt auf: Bei so viel Selbstzerstörung schreit das Ich geradezu nach emotionaler Zuwendung, die Sie sich dann in Form von Selbstmitleid und Schonung oder durch Flucht in die Welt der Größenphantasien – »Wenn die wüßten, was in mir steckt!« – verschaffen müssen. Oder Sie brauchen dann jemand anderen, der Sie wieder aufbaut. Alles in allem wird dadurch eine Menge an psychischer Energie verschwendet.

Besser ist, Sie rufen sich in Erinnerung, daß Sie für das Bestehen der Prüfung eine erfolgsorientierte Motivation brauchen. Mit selbstabwertenden destruktiven Gedanken erreichen Sie das Gegenteil. Aber anscheinend liegt in den negativen Gedanken auch eine kleine Versuchung: Sie können sich wieder klein und hilflos fühlen und den Anforderungen der Realität an Ihren Erwachsenenstatus – wenigstens für einen Moment – entfliehen. Aber hinterher wird es nur um so schwerer sein, in der realen Situation anzutreten!

Erwarten Sie nicht, daß Sie mit der kognitiven Selbstanalyse Ihre Prüfungsangst »auf Knopfdruck« loswerden. Die Veränderung Ihrer Reaktionen erfordert aktives Lernen und Üben. Das erscheint manchmal schwer; aber es ist machbar. Sie müssen sich allerdings darauf einstellen, daß der Fortschritt allmählich und in kleinen Schritten erfolgt.

Die Wendung zu positiver Selbstbestärkung – Übungen

Die Analyse Ihrer Selbstaussagen sollten Sie auf jeden Fall so weit fortführen, daß Sie die entdeckten negativen Gedanken zu entkräften suchen, indem Sie Ihnen positive Selbstbewertungen entgegenstellen. Diese dürfen aber auch nicht aus der Luft gegriffen sein! Machen Sie sich bewußt und führen Sie sich vor Augen, welche positiven Voraussetzungen Sie für das Bestehen der Prüfung mitbringen. Es fallen Ihnen keine ein? Überlegen Sie weiter! Vermutlich hätten Sie sich nicht zur Prüfung angemeldet, wenn Sie über keinerlei positive Voraussetzungen verfügen würden.

Bei den Studierenden in meinen Workshops konnte ich die Neigung zu kritischer Selbstabwertung nur allzu häufig feststellen. Ihre Erfahrungen mit der Kognitions-Analyse konnten sie davon überzeugen, wie wichtig es ist, den Wirkungsmechanismus der negativen Gedanken aufzubrechen. Dabei war die folgende Übung, die ich mit ihnen durchgeführt habe, sehr hilfreich. Ich nenne sie:

Die Positive Ressourcen-Runde

Dazu gehört die folgende Instruktion:

Besinnen Sie sich auf Ihre positiven Voraussetzungen, auf Ihre Fähigkeiten, Ihre Stärken und Fertigkeiten, die Sie für das Bestehen der Prüfung mitbringen, und geben Sie dazu ein kurzes Statement vor der Gruppe ab.

Die Übung fällt vielen schwer. Es scheint viel leichter zu sein, über seine Schwächen und Fehler zu berichten, als positive Eigenschaften und Stärken zu benennen. Manchen Studierenden fiel dazu nur ganz wenig ein. Durch den Vergleich in der Gruppe werden jedoch auch sie dazu angeregt, bei sich selbst weitere Fähigkeiten in Erwägung zu ziehen, solche, die sie bisher gar nicht wahrgenommen oder nicht wichtig genommen hatten. Der Effekt dieser Übung wurde allgemein als sehr positiv erlebt. Nach der Überwindung von anfänglichen Gefühlen der Peinlichkeit über das vermeintliche Eigenlob ist das Selbstbewußtsein ein wenig gewachsen und ebenso die Zuversicht, die Prüfung schaffen zu können.

Probieren Sie es selbst aus. Nehmen Sie sich ein leeres Blatt und notieren Sie, was Ihnen an positiven Voraussetzungen, die Sie für das Bestehen der Prüfung mitbringen, einfällt. Seien Sie dabei gründlich und ausführlich. (Kleiner Hinweis: Es gehören nicht nur Wissen oder rhetorisches Talent, sondern auch Fähigkeiten wie Ausdauer beim Lernen, gute Auffassungsgabe und freundlicher Umgang mit Menschen dazu.) Wenn Ihre Liste trotzdem sehr kurz ausfällt, sollten Sie sich Unterstützung bei einem guten Freund oder einer guten Freundin suchen. Denen fällt es erfahrungsgemäß viel leichter, Ihre positiven Fähigkeiten zu beschreiben.

Die Übung hilft Ihnen dabei, Ihr Selbstbewußtsein aufzubauen und für eine positive Motivation zu sorgen. Wenn Sie irgendwann einmal wieder in eine verzagte Stimmung hineingeraten sollten, dann schauen Sie sich das Blatt mit Ihren positiven Ressourcen an.

Damit Sie besser lernen können, von Ihren negativen Selbstaussagen loszukommen, im folgenden noch weitere Übungen.

Übungen zur Revision von negativen Selbstaussagen

Schauen Sie sich zunächst die linke Spalte mit den negativen Aussagen an und decken Sie dabei die rechte Spalte ab. Finden Sie zu den Beispielen jeweils selbst positive Selbstaussagen, bevor Sie zum Schluß die vorgeschlagenen Statements überprüfen.

Negative Selbstaussagen	Positive Selbstaussagen
»Ich kann mich nicht konzentrieren.«	»Meine Konzentration hat sich schon verbessert. Ich weiß, wie ich sie verbessern kann.«
»Ich schaffe niemals das, was ich mir vorgenommen habe. Ich bin einfach zu langsam.«	»Ich werde mein Pensum schaffen, wenn ich einen realistischen Zeitplan mache, Prioritäten setze und effizient arbeite. Genau das habe ich in diesem Buch gelernt.«
»In Prüfungen verliere ich immer meinen Kopf.«	»Diesmal wird es anders laufen. Ich bewahre die Ruhe und behalte den Durchblick.«
»Ich war in Prüfungen noch nie gut.«	»Die Vergangenheit ist jetzt irrelevant. Ich weiß, wie ich es diesmal besser machen kann.«

Setzen Sie die Übung fort, indem Sie Ihre eigenen negativen Selbstaussagen notieren, und finden Sie dann die passenden positiven Aussagen dazu. Formulieren Sie diese so, daß Sie Ihnen auch tatsächlich glaubhaft erscheinen.

Ihre eigenen negativen Selbstaussagen	positiven Selbstaussagen
. . . .	. . . .
. . . .	. . . .
. . . .	. . . .
. . . .	. . . .

Damit Sie gegen die Neigung zu negativen Selbstaussagen gewappnet sind, finden Sie im folgenden Anregungen für eine präventive Gegenwehr.

→ Für die Phase der Prüfungsvorbereitung

- Ich denke an das, was ich als nächsten Schritt tun werde.
- Ich werde mir das vornehmen, was ich gegen meine Angst tun kann, und nicht meine Zeit damit verschwenden, mich ängstlich zu fühlen.
- Ich werde mich den positiven Selbstaussagen zuwenden, sobald die negativen Gedanken auftreten.
- Ich werde mich nicht in Konversationen mit mir oder mit anderen verwickeln, die ich nicht wünsche und die mein emotionales Gleichgewicht beeinträchtigen.
- Auch wenn das Schlimmste passieren sollte, ich lasse mich nicht in Panik versetzen. Ich habe gelernt, die Panik in den Griff zu bekommen.
- Diesmal wird es anders laufen. Ich weiß, wie ich mit der Situation umgehen kann.
- Ich brauche etwas Angst. Sie bringt mich sogar in Schwung. Ich nutze sie als Motor.

→ Selbstaussagen für die Prüfungssituation selbst

- Das ist meine Chance, zu zeigen, was ich gelernt habe.
- Ich kann mit den Aufgaben und mit mir selbst gut umgehen.
- Ich kann mein Denken steuern und meine Aufregung durch Entspannung dämpfen.
- Ich bleibe beim Hier und Jetzt! Welches ist der nächste Schritt?

→ **Weitere Empfehlungen:**

Zum Abschluß ein Memo, das die wichtigsten Essentials enthält, um zu verhindern, daß Sie sich in Streß versetzen:

→ 1. Richten Sie Ihre Gedanken nicht auf Fehler, Schwierigkeiten und Probleme der Vergangenheit. Das gibt ihnen eine zu große Bedeutung in der Gegenwart. Besser ist, Sie unternehmen etwas im »Hier und Jetzt«.

→ 2. Planen Sie Ihre kurzfristige Zukunft, indem Sie den nächsten anstehenden Schritt planen: die nächste Stunde, den Abend, den nächsten Tag. Vermeiden Sie den Gedanken an die ferne Zukunft, in der Sie scheitern könnten. Sie ersparen sich damit viele Sorgen.

→ 3. Denken Sie nicht zuviel über sich selbst und Ihre Gefühle nach. Richten Sie Ihre Aufmerksamkeit lieber auf die Aufgaben, an denen Sie noch arbeiten müssen, und nutzen Sie dafür die Anweisungen dieses Buches.

→ 4. Für die Prüfungsvorbereitung gilt: Belassen Sie es nicht bei vagen Plänen wie: »Ich muß heute abend arbeiten« oder: »Ich muß noch viel tun«. Setzen Sie sich statt dessen ganz spezifische Ziele, z.B.: »Ich werde heute abend zum Thema X zwei Karteikarten anlegen und darauf etwa eine Stunde Zeit verwenden. Danach werde ich eine kurze Teepause einlegen und anschließend die Karteikarten noch einmal überprüfen.«

→ 5. Richten Sie Ihre Gedanken nicht auf das, was andere – z.B. Ihre Eltern oder Freunde – von Ihnen erwarten und was sie sagen würden, wenn Sie schlecht abschneiden sollten. Damit machen Sie sich nur runter. Es ist viel produktiver, wenn Sie sich darum bemühen, Ihre eigenen Standards zu erfüllen.

→ 6. An dem Prüfungssystem, an dessen Form oder der fehlenden Sinnhaftigkeit, können Sie nichts ändern. Darüber nachzudenken, macht Sie nur hilflos. Aber Sie können tausend andere Dinge beeinflussen, die Ihre Arbeit und Ihre Lebensweise betreffen. Das Buch gibt hierzu eine Fülle von Empfehlungen. Diese werden viel eher dazu führen, daß Sie sich stark und einflußreich fühlen.

→ 7. Das Denken auf etwas zu richten, was nicht zu verändern ist, ist unproduktiv, angsterzeugend und absorbiert viel emotionale Energie. Viel ergiebiger ist es, etwas zu *unternehmen*.

→ 8. Hartnäckig wiederkehrende Gedanken über denselben Inhalt lassen sich stoppen. Sie sind tatsächlich dazu in der Lage und können es lernen!

Imaginative Übungen –
Erfolgserlebnisse als Ressourcen nutzen

Ähnlich wie beim mentalen Training sollen Sie bei dieser Übung Ihre Vorstellungskraft dazu nutzen, Ihre vorhandenen Ressourcen zu erfassen. Ausgehend von Erfolgserlebnissen der Vergangenheit wird angestrebt, die positive emotionale Erfahrung hinüberzunehmen in die Streßsituation Prüfung. Wie das geht, erfahren Sie im folgenden.

Bei Studierenden mit starker Prüfungsangst stelle ich häufiger eine große Diskrepanz zwischen der Motivation, mit der sie in der Prüfung antreten, und ihrer Motivation z.B. in Leistungssituationen im Freizeitbereich fest. Dazu ein Beispiel:

Jens verliert in Prüfungssituationen – wie er es ausdrückt – seine ganze Selbstsicherheit. Schon gleich zu Anfang verläßt ihn der Mut, und er traut sich nichts mehr zu, obwohl er vorher sehr viel gelernt hat. Die Fragen des Prüfers bekommt er gar nicht genau mit, stellt aber auch keine Rückfragen. – Er spielt gerne Schach und nimmt an Turnieren teil. Dabei fühlt er sich ganz anders. Er ist dort zwar auch aufgeregt, aber trotzdem voll konzentriert und sehr klar im Kopf. Es ist ein gutes Gefühl. In diesen Wettkampf-Situationen erfüllt ihn Kampfgeist. Seine Gedanken sind auf den Sieg ausgerichtet.

Beim Vergleich der beiden Situationen wird ihm deutlich, daß er in der Prüfung überhaupt keinen Kampfgeist entwickelt, sich statt dessen mit negativen Selbstbewertungen klein macht und schließlich ganz zurücknimmt. Ihm fällt auf, daß er mit seinen Leistungen »hinter dem Berg hält«: Er hätte wesentlich mehr zu bieten als das, was er in der Prüfung präsentiert. Außerdem verfällt er manchmal auf die merkwürdige Strategie, den Prüfer von sich aus auf eigene Schwachstellen zu lenken, bevor dieser überhaupt eine Frage darauf richten kann. Er erklärt es sich damit, daß er den Effekt erreichen möchte, daß man ihn zunächst unterschätzt, er dann aber zeigen könne, daß er viel besser sei. Die Erklärung, daß er seine Schwachstelle eher deshalb zeigt, um damit Schonung zu erreichen, löst bei ihm unangenehme Gefühle aus. Dieselbe Strategie beim Schachspiel anzuwenden, erscheint ihm auf jeden Fall extrem ungünstig. Es leuchtet ihm ein, daß er auch für die Prüfungssituation mehr Kampfgeist und vollen Einsatz braucht.

Jens erhält die Anregung, die Erinnerung an ein Erfolgserlebnis beim Schachturnier wachzurufen. Nach einer vorangegangenen Entspannungsübung bekam er folgende Instruktion:

Versetzen Sie sich nun in diese positive Erfolgssituation. Malen Sie sich die Situation aus. Versuchen Sie, sich genau zu erinnern. Konzentrieren Sie sich auf das, was Sie sehen:

z.B. das verdutzte Gesicht des Turniergegners, das freundliche und aufmerksame Gesicht Ihres Trainers etc.

Konzentrieren Sie sich auf das, was Sie hören,

z.B. das aufmerksame Raunen der Zuschauer, das nervöse Räuspern Ihres Gegners.

Beschreiben Sie genau, was Sie spüren und fühlen,

z.B. die freudige Erregung bei der Aussicht, das Spiel zu gewinnen, das gute Erfolgsgefühl etc.

Lassen Sie das angenehme Gefühl nachwirken. Halten Sie es fest. Nehmen Sie es mit in die Prüfungssituation.

Anschließend wird Jens dazu angeregt, sich Leitziele für die Prüfungssituation zu stecken. So könnte Jens sich z.B. vornehmen:

»Ich werde wie beim Schachspiel ganz bei der Sache sein. Meine Aufregung wird mich anspornen. Ich werde genau auf die Fragen des Prüfers achten. Ich kämpfe engagiert und bringe mein Wissen voll ein.«

Bandler & Grinder (1984), die diesen Therapieansatz entwickelt haben, weisen darauf hin, daß sich die Erfolgserlebnisse noch besser transferieren lassen auf andere angstbesetzte Situationen, wenn man sie »ankert«. Ankern bedeutet, das Erfolgserlebnis an eine bestimmte Bewegung, z.B. mit der Hand, zu koppeln. Späterhin kann dann das Erfolgserlebnis allein durch die spezielle Bewegung, den Anker, ausgelöst werden.

Dazu die folgende Instruktion:

Nehmen Sie zunächst eine entspannte Haltung ein wie beim Autogenen Training, bei der die Unterarme und Hände auf den Oberschenkeln ruhen.

Wenn Sie die Erfolgssituation in Ihrer Erinnerung wachrufen und beschreiben, was Sie **sehen***, dann beschließen Sie die Sequenz damit, daß Sie die folgende Geste ausführen: Berühren Sie mit der rechten Hand den linken Handrücken und legen Sie Ihre Hand danach wieder zurück auf den Oberschenkel.*

Dann beschreiben Sie, was Sie **hören***: »Ich höre das anerkennende Raunen der Zuschauer, ich höre mein Herz freudig erregt schlagen« etc., und schließen Sie die Sequenz wiederum ab mit der gleichen Geste: Führen Sie die rechte zum linken Handrücken und berühren Sie ihn kurz.*

Dann sagen Sie sich, was Sie ***fühlen***, *z.B.:*
»Ich fühle, wie ich ruhig und selbstbewußt auf seinen nächsten Zug warte, ich fühle mich sicher in der Überzeugung, ihn schlagen zu können«, etc.
Führen Sie wiederum die Berührung des linken Handrückens mit der rechten Hand durch.
Stellen Sie sich abschließend noch einmal die Szene komplett vor, und nehmen Sie wahr, was Sie sehen, hören und fühlen. Führen Sie nochmals die Berührung des linken Handrückens mit der rechten Hand durch.
Nehmen Sie anschließend die Entspannung zurück.

Wenn Sie diese Übung einige Male wiederholen, werden Sie feststellen können, daß allein die Berührung des Handrückens die positive Gefühlstönung hervorruft. Sie können diesen Anker in Streßsituationen anwenden und damit Ihre Erfolgs-motivation aktivieren. Die kleine Geste wird kaum jemandem auffallen – Ihnen selbst bald auch nicht mehr, weil Sie sich damit ganz automatisch und nebenbei Ihrer Kräfte versichern.

Literaturtips:

Acres, D., *How To Pass Exams Without Anxiety*. Plymouth: How To Books Ltd, 1995.

Ellis, A., *Die rational-emotive Therapie*. Das innere Selbstgespräch bei seelischen Problemen und seine Veränderung. München: Pfeiffer, 1977.

Metzig, W. u. Schuster, M., *Prüfungsangst und Lampenfieber*. Bewertungssituationen vorbereiten und meistern. Berlin Heidelberg: Springer, 1998.

TRAINING FÜR MÜNDLICHE PRÜFUNGEN – DAS PRÜFUNGSVERHALTEN

Es geht in diesem Kapitel um die Vorbereitung auf die mündliche Prüfung, auf die im Vergleich zu anderen Prüfungsformen die größten Ängste gerichtet sind. Wie Sie sich im einzelnen dafür rüsten können durch Vorarbeiten, Übungen und Training werden Sie in diesem Kapitel erfahren. Sicherheit läßt sich am besten gewinnen, wenn man das Verhalten, das für die Prüfung benötigt wird, gut trainiert.

Die Beziehung zwischen Prüfer und Prüfling – Die richtige Rolle finden

Vorbemerkung: Ich werde im folgenden von Prüfer und Prüfling sprechen und mich dabei über alle frauenfreundlichen Einwände hinwegsetzen. Das nicht nur aus Gründen einer vereinfachenden Sprachregelung, sondern auch deshalb, weil dieses Begriffspaar die traditionelle Konstellation, die hier überwunden werden soll, recht gut widerspiegelt: der männlich autoritäre Prüfer gegenüber dem noch unfertigen Neutrum Prüfling.

»Heute wäre ich in der Uni meinem Prüfer beinahe in die Arme gelaufen. Ich habe vielleicht einen Schreck bekommen! Im letzten Moment konnte ich jedoch noch beidrehen. Nicht auszudenken, wenn der mich nach meiner Prüfungsvorbereitung gefragt hätte. Mit meinem jetzigen Stand kann ich ihm noch gar nicht unter die Augen treten!« So der Student Michael über das verhinderte Zusammentreffen mit dem Professor, der ihn prüfen wird.

»Wenn ich an meinen ›Prof‹ denke, bei dem ich Prüfung habe, dann läuft es mir heiß und kalt den Rücken herunter! Ich habe gehört, daß er neulich einen Studenten in einer Prüfung dermaßen zur Schnecke gemacht haben soll, daß der anfing zu heulen. Dieser Prof soll unheimlich gemeine Fragen stellen.« Ein Bericht von Judith, Studentin der Veterinärmedizin, die ebenfalls vor einer Prüfung steht.

Berichte über Prüfer haben meist keinen erfreulichen Inhalt. Sie stellen häufig nur Variationen des einen Themas dar: der Prüfer als Monster, unerbittlich strenger

Zensor und bedrohlich überlegene Autoritätsfigur. Die Beziehung zwischen Prüfer und Prüfling ist in den seltensten Fällen lediglich funktional, d. h. durch die sachliche Aufgabe geprägt. Vielmehr scheint es eher typisch zu sein, daß auf Seiten des Prüflings starke Emotionen entstehen, die vorwiegend negativ und bedrohlich oder bestenfalls ambivalent sind. Wie im Kapitel »Prüfungsangst verstehen« (S. 11ff.) dargestellt, lassen sie sich im wesentlichen aus den folgenden Bedingungsmomenten erklären:

- Das Machtgefälle zwischen den beiden Beteiligten läßt beim Prüfling außer der Befürchtung von negativen Sanktionen auch Gefühle von Abhängigkeit und Unterlegenheit entstehen.
- Gegenüber der fachlichen Autorität des Prüfers treten im konkurrierenden Vergleich mit ihm Gefühle von Unzulänglichkeit und Inferiorität auf.
- Der Person des Prüfers wird eine übergroße Bedeutung zugeschrieben, die aus dem Wunsch nach Anerkennung und der Furcht vor Verletzung des Selbstwertgefühls durch seine negative Beurteilung resultiert.

Die Ähnlichkeit dieser Beziehungsstruktur mit dem alten Muster kindlicher Abhängigkeit und Konkurrenz gegenüber den mächtigen Elternfiguren aktualisiert alte Gefühle, die auf die Person des Prüfers übertragen und projiziert werden: der Prüfer als gestrenger Übervater. Diese Emotionen überlagern und verstärken die sowieso schon vorhandenen Ängste, die aus der realen Anforderungssituation entstehen. Das resultierende Gemisch von Realangst und neurotischer Angst führt zu einer irrationalen Überbewertung des Prüfers und zu einer Dramatisierung des Geschehens.

Diesen Zusammenhang sollten Sie bedenken, wenn Sie plötzlich heftige Aggressionen gegen den Prüfer, bedrückende Ohnmachtsgefühle oder andere – vielleicht zunächst unerklärliche – Gefühle verspüren. Es ist wichtig, daß Sie den Schritt tun, solche Gefühle wahrzunehmen, zu erforschen und vor allen Dingen nüchtern zu überprüfen, ob sie der Realsituation wirklich angemessen sind. Sonst können Sie nur allzu leicht in Widerstreit zu Ihrer Prüfungsmotivation geraten und Ihr Verhalten in der Prüfung beeinträchtigen.

In meinen Workshops zur Überwindung von Prüfungsangst habe ich bei der Prüfungssimulation, d.h. dem Durchspielen einer kleinen fachlichen Prüfung im Rollenspiel mit Videoaufzeichnung, folgende Beispiele von »merkwürdigen« Verhaltensweisen beobachten können:

Fallbeispiel 1

Andreas war schon zum zweiten Mal durch das 2. Staatsexamen in Humanmedizin gefallen. Er war an den mündlichen Prüfungen gescheitert. Seiner Meinung nach war er gut für die Prüfung präpariert. Der Prüfer zeigte sich jedoch sehr unzufrieden mit seiner Leistung. Er beurteilte seine Antworten als unpräzise und nicht ausführlich genug. Im Verlauf des Prüfungsgesprächs war es zunehmend zum bloßen Abfragen gekommen. Andreas fühlte sich von den Frage geradezu bombardiert und vom Prüfer schlecht behandelt. Sein Auftreten in der Gruppe wirkte hingegen sehr kompetent. Man wunderte sich sehr darüber, daß er die Prüfung nicht bestanden hatte.

Bei der Prüfungssimulation, wurde jedoch folgendes deutlich:

Andreas reagierte nach einigen meiner Fragen, die ich in der Rolle der Prüferin stellte, zunehmend gereizt. Er beantwortete sie sehr knapp und unwirsch. Er vermittelte den Eindruck, daß er meine Fragen als unpassend und als Zumutung empfand. Bei mir entstand Ärger und wenig Lust, weiterzufragen.

Das Auswertungsgespräch und die Analyse der Videoaufzeichnung machte ihm erst bewußt, wie aggressiv er reagiert hatte. Bei der Erinnerung an seine Erstprüfung wurde ihm deutlich, daß er in den Fragen des Professors Geringschätzung gespürt hatte und sich darüber geärgert hatte, daß er ihm so simple Fragen stellte. Er stellte außerdem eine Parallele zu den Gesprächen fest, die er früher mit seinem Vater führen mußte. Dieser fragte ihn fast täglich danach, was er in der Schule gelernt hätte, und examinierte ihn dann. Er haßte dieses Abfragen, hatte es aber nie gewagt, sich dieser Prozedur zu entziehen.

Fallbeispiel 2

Melanie, vor dem Staatsexamen Lehramt mit den Fächern Politologie und Germanistik stehend, reagierte auf die Fragen bei der Prüfungssimulation zunehmend einsilbig. Sie geriet ins Stocken, machte lange Pausen und verstummte dann ganz. Dabei lächelte sie freundlich. Sie schien jedoch nicht in Panik zu geraten, sondern reagierte zunehmend schwerfällig. Es wirkte, als ob sie sich hinter einer Mauer verschanzt hätte.

Im Auswertungsgespräch wurde ihr deutlich, daß sie ein Gefühl von Trotz verspürt hatte. Sie mochte einfach nicht mehr. Es widerstrebte ihr, sich mit den Fragen abzumühen. Außerdem hatte sie das Gefühl, daß sie dem Prüfer sowieso nicht viel bieten konnte. Daß dabei ein Trotzgefühl aufgetreten war, überraschte sie. Ihr fiel dazu ein, daß sie ihrer Mutter gegenüber häufig mit bockigem Schweigen und Abbruch von Kommunikation reagiert, wenn sie sich über sie geärgert hat.

In beiden Fällen leuchtete es den »Prüflingen« ein, daß ihre Reaktionen für eine Prüfung recht ungünstig sind und auch das Verhalten des Prüfers negativ beeinflussen können. Die Erfahrung bei der Prüfungssimulation öffnete bei ihnen auch den Blick für eine andere Konstellation von Rollenbeziehung in der Prüfung, eine, bei der sie eine weniger abhängige Rolle übernehmen.

Die Rollenbeziehung zwischen Prüfer und Prüfling soll etwas näher betrachtet werden, denn Ihr Verhalten in der Prüfung wird auch ganz wesentlich davon bestimmt, wie Sie diese Rollenbeziehung interpretieren!

Geht man den impliziten positiven Erwartungen nach, die hinter den »schlimmen« Befürchtungen stehen, so zeigt sich auch darin eine Überschätzung der tatsächlichen Handlungsmöglichkeiten des Prüfers. Denn in der Angst vor dem strengen und feindseligen Zensor, der es nur darauf anlegt, beim Prüfling Schwächen zu entdecken, ist nur zu häufig der Wunsch verborgen, er möge anders sein, nämlich wohlwollend und einfühlsam; er möge die richtigen Fragen stellen und darum bemüht sein, das Beste aus dem Prüfling herauszuholen. Diese Charakterisierung paßt zu dem Bild einer guten und übermächtigen Vaterfigur. Im Widerspruch dazu steht die gesellschaftliche Erwartung, die an Examen und Prüfung angelegt wird: Der Nachweis von Tüchtigkeit, Reife und Eigenverantwortlichkeit, der den Übergang zum Erwachsenen-Status rechtfertigt, soll erbracht werden.

Betrachten wir die Prüfung einmal aus einer völlig anderen Perspektive:

Die Prüfung ist eine Kommunikationssituation mit bestimmten Konventionen. Zu ihr gehört eine spezifische Rollenverteilung zwischen Prüfer und Prüfling, für die es Verhaltensregeln gibt. Der Prüfling hat sich freiwillig zu der Veranstaltung angemeldet. Er hat die Absicht, sein Wissen zu präsentieren und strebt eine (möglichst positive) Beurteilung durch den Prüfer an, die es ihm ermöglicht, den nächsten Schritt in seiner Ausbildung in Angriff zu nehmen. Er braucht den Prüfer und dessen Fragen, um sein Wissen unter Beweis zu stellen. Er nutzt die Fragen als Gelegenheit, um die Qualität seines fachlichen Verständnisses zu zeigen.

Bei dieser Sichtweise erscheint der Prüfer gar nicht mehr in der dominierenden Rolle. Vielmehr wird dabei der initiative und aktive Part des Prüfungskandidaten betont. Der Prüfer ist hierbei Zuhörer, Stichwortgeber, Interviewer und Beurteiler – Aufgaben, die komplementär, zum Teil passiv und wenig dominierend sind. Das Machtgefälle erscheint hierbei ziemlich nivelliert.

Vielleicht kommt Ihnen diese Sichtweise unrealistisch vor, wenn Sie an Ihren Prüfer denken. Aber Vorsicht, die Theorie, die Sie über Ihren Prüfer im Kopf haben, beeinflußt auch Ihr Auftreten und im weiteren auch den Prüfer selbst! Darin liegt jedoch gleichzeitig eine Chance!

Es gibt auch Prüflinge, die ihre aktive Rolle so weit übertreiben, daß sie den Prüfer durch einen ununterbrochenen massiven Redestrom an die Wand drängen und ihn daran hindern, mit Fragen aktiv zu werden. Darin liegt sicherlich nicht der Schlüssel zum Erfolg!

Das adäquate Rollenverständnis ist irgendwo in der Mitte zu finden: Der Prüfling hat in der Tat die aktive Aufgabe des Präsentierens von Wissen; er muß sich aber auch bereitwillig der Befragung des Prüfers unterziehen. Er sollte sich auch dessen Erwartungen an die Rollenbeziehung anpassen. Anpassung muß nicht auf Unterwerfung hinauslaufen! Sie verläuft in der Regel wechselseitig. Der Prüfer paßt sich mit seinen Fragen dem Stil und dem Niveau des Kandidaten an. Im besten Fall läuft es auf ein Fachgespräch hinaus, in dem sich beide Partner auf gleichwertiger Beziehungsebene treffen. Im schlechtesten Fall, wenn sich der Prüfling als »kleiner Schüler« präsentiert, wird er auch nach bester »Paukermanier« abgefragt. Daß der Charakter von Prüfungen durch die Interaktion von beiden Rollenpartnern bestimmt wird, geht sehr anschaulich aus den Rollenspielen der Prüfungssimulation in meinen Workshops hervor:

Interessante Ausführungen des Prüfungskandidaten führen in der Regel dazu, daß der Prüfer abwartet und weniger Fragen stellt. Im Gegensatz dazu nötigen kurze Antworten und passives Abwarten den Prüfer, sich immer neue Fragen einfallen zu lassen. Und das sind dann auch nicht immer solche, auf die sich der Kandidat vorbereitet hat!

Wenn Sie sich mit Ihrem Prüfungsthema sehr engagiert auseinandersetzen, werden Sie beim Prüfer ein anderes Echo auslösen, als wenn Sie Ihren Vortrag zu einer langweiligen Pflichtübung geraten lassen.

In meinen Workshops übernehmen die Studierenden selbst auch die Rolle des Prüfers. Dabei wird meist mit Erstaunen festgestellt, daß es gar nicht so leicht ist, gute Fragen zu stellen und daß man auch als Prüfer Streß dabei empfinden kann, wenn man seine Aufgabe gut machen will. Ein Student resümierte diese Erfahrungen in dem bedenkenswerten Satz: »Prüfer sind auch nur Menschen!«

Was folgt aus den Betrachtungen dieses Kapitels für Ihre Prüfungsvorbereitung?

→ 1. Überprüfen Sie Ihre Emotionen gegenüber dem Prüfer – besonders dann, wenn sie sehr heftig und negativ ausfallen. Versuchen Sie, eine nüchterne und sachliche Beziehung zu Ihrem Prüfer einzunehmen. Machen Sie sich bewußt, daß Sie Ihren Prüfer nicht lieben oder von ihm geliebt werden müssen. Setzen Sie sich zum Ziel, mit ihm *ein Arbeitsbündnis* einzugehen. Das ABC der Kognitionsanalyse kann Ihnen dabei helfen, den destruktiven Gedanken über den Prüfer auf die Spur zu kommen und das Verhältnis zu ihm zu entdramatisieren.

→ 2. Überprüfen Sie Ihr implizites Rollenverständnis zur Beziehung zwischen Prüfer und Prüfling, und gestalten Sie Ihre Rolle als Prüfungskandidat realistisch und aktiv. Machen Sie Ihr Verhalten nicht von vornherein von dem Verhalten Ihres Prüfers abhängig. Klären Sie statt dessen Ihr eigenes Aufgabenverständnis. Passen Sie es an Ihre persönlichen Möglichkeiten an. Nicht jeder fühlt sich so souverän, daß er in der Prüfung beherzt die Initiative zu einem Fachgespräch ergreifen kann. Aber je konkreter Sie durchdenken, wie Sie Ihren Part sowohl fachlich als auch von der Präsentation her aktiv gestalten können, um so eher können Sie auch in der Prüfung selbstbewußt handeln.

→ 3. Last not least: Verschaffen Sie sich Informationen über den realen Prüfer und die reale Prüferin. Prüfer sind sehr unterschiedlich. Nicht nur bezüglich des Geschlechts, sondern auch in ihrer Art zu prüfen. Lernen Sie Ihre Prüfer kennen – in Lehrveranstaltungen und natürlich besonders in Prüfungskolloquien. Besuchen Sie, sofern es möglich ist, offizielle Prüfungen, damit Sie seinen oder ihren Prüfungsstil kennenlernen und suchen Sie sie in Sprechstunden auf. Je besser Sie Ihren Prüfer kennen, d. h. auch einschätzen können, wie er in der Prüfung reagiert, um so weniger brauchen Sie sich vor der Prüfung zu fürchten. Sie können dann auch Ihr eigenes Verhalten besser auf ihn abstimmen.

Den Prüfer wählen und kennenlernen

In den Geisteswissenschaften und in manchen sozialwissenschaftlichen Fächern haben Sie in der Regel die Möglichkeit, den Prüfer selbst zu wählen. Diese Freiheit der Wahl, um die Sie Studierende aus anderen Studienfächern, in denen die Prüfer vorgegeben sind, beneiden, führt jedoch auch zu Entscheidungsschwierigkeiten. Nach welchen Aspekten sollten Sie die Wahl des Prüfers treffen?

→ Den »leichten« Prüfer wählen?

Vom Hörensagen und aus der Gerüchteküche kennen Sie das Image Ihrer potentiellen Prüfer. Und es steht für Sie die Entscheidung an, ob Sie lieber einen anspruchsvollen und womöglich strengen Prüfer wählen oder einen, der es den Prüfungskandidaten leicht macht. Es kommt auf Ihren Ehrgeiz und Ihr Anspruchsniveau an, welchem Sie den Vorzug geben. Für manche bedeutet der schwierigere Prüfer eine positive Herausforderung. Aber warum sollten Sie es sich unbedingt schwermachen?! Auf jeden Fall sollten Sie dem folgenden Aspekt besondere Aufmerksamkeit schenken:

→ Der fachliche Aspekt

Gehen Sie von Ihrem Interessengebiet und den Schwerpunkten, die Sie in Ihrem Studium gesetzt haben, aus und prüfen Sie, welcher Prüfer dafür in Frage kommt. Sie werden viel mehr von Ihrer Prüfungsvorbereitung profitieren, wenn Sie sich in ein Thema vertiefen, das Ihnen persönlich wichtig und interessant erscheint. Die Verständigung in der Prüfung wird vermutlich erleichtert, wenn Sie das fachliche Interesse mit Ihrem Prüfer teilen. Außerdem wird es Ihnen viel leichter gelingen, aus der Prüfung ein sinnvolles Fachgespräch zu machen, wenn Sie mit dem Thema gut vertraut sind und Spaß daran haben.

→ Sympathie und Wertschätzung

Wie in allen zwischenmenschlichen Beziehungen spielt natürlich auch bei der Konstellation Prüfer und Prüfling die Sympathie eine Rolle. Aber überschätzen Sie diesen Faktor nicht. »Wertschätzung der Person« halte ich für die bedeutendere Voraussetzung. Sie sollten Ihren Prüfer wertschätzen, d.h. ihn als Mensch gut akzeptieren können. Zu viel Hochachtung und Respekt vor seiner Autorität ist möglicherweise nicht die geeignete Voraussetzung, um Ihre eigenen Fähigkeiten adäquat zu präsentieren. Wenn er Ihnen andererseits »nicht liegt«, dann werden Sie vielleicht nur wenig engagiert auftreten können.

→ Die kommunikative Ebene

»Den Prüfer zu mögen« ist viel weniger wichtig als der folgende Grundsatz: Die Kommunikation muß stimmen! Sie sollten »einen guten Draht« zu ihrem Prüfer haben, d.h. sich gut mit ihm verständigen können. Das setzt voraus, daß Sie einen ähnlichen Denkstil wie er haben bzw., daß die Divergenz zwischen Ihnen nicht zu groß ist. Wenn Sie zu einem eher intuitiven und assoziativen Denkstil neigen, dann suchen Sie sich lieber keinen Prüfer aus, der für seine gründlichen und scharfen Analysen bekannt ist. Am besten ist, Sie testen diesen Aspekt empirisch! Probieren Sie vor der Prüfung, z.B. in einer Lehrveranstaltung bei ihm oder in seiner Sprechstunde, aus, ob Sie mit ihm gut diskutieren können.

→ Den Prüfer kennenlernen

Nutzen Sie auf jeden Fall die vorhandenen Kontaktmöglichkeiten, um ihn näher kennenzulernen und ihn dann besser einschätzen zu können. Suchen Sie ihn in seiner Sprechstunde auf, und testen Sie sein Interesse an Ihren Vorschlägen und sein Eingehen auf Ihre Fragen. Falls Sie Hemmungen haben, machen Sie sich klar, daß es zu den regulären Aufgaben eines »Profs« gehört, Examenskandidaten zu beraten.

Auch für den ersten Kontakt mit ihm sollten Sie sich schon gut vorbereiten. Treten Sie mit einem ersten Konzept Ihres Prüfungsthemas an. Außerdem sollten Sie Ihre Fragen an ihn parat haben – am besten schriftlich. Ihr Auftreten bei diesem ersten Besuch wird bei Ihrem Gesprächspartner bereits einen ersten Eindruck von »seinem potentiellen Prüfungskandidaten« hinterlassen. Es wird seine Erwartungshaltung nicht sehr positiv beeinflussen, wenn Sie sich dabei als völlig unorientiert erweisen.

→ Eine gute Wahl verlangt Vorarbeit

Recherchieren Sie vorher, auf welchen Gebieten Ihr Prüfer seine Schwerpunkte hat, damit Sie nicht peinlich überrascht werden. Wenn Sie als Soziologie-Studentin ein Fan von Habermas und Adorno sind und die »Kritische Theorie« zum Thema machen wollen, dann sollten Sie sich nicht einen Experten für empirische Sozialforschung als Prüfer aussuchen.

Für die Besprechung im Vorfeld der Prüfung sollten Sie ein schriftliches Konzept zu Ihrem Thema erarbeiten, mit dem Sie erkennen lassen, daß Sie sich bereits eigene Gedanken dazu gemacht haben. Legen Sie dabei auch Alternativvorschläge vor, und bleiben Sie offen für die Vorschläge Ihres Professors.

Es ist immer günstiger, ein »Paper« auszuhändigen, auf dessen Grundlage man diskutieren kann, als nur auf das mündliche Gespräch zu vertrauen. Das setzt aber auch voraus, daß Ihr Paper kurzfristig gut lesbar ist, also z.B. die wichtigsten Stichworte zu Ihrem Thema enthält. Auf einer solchen Grundlage können Sie fundiert testen, ob Sie mit Ihrem zukünftigen Prüfer gedanklich harmonieren.

→ Ein Prüfungsvorgespräch führen

Wenn Sie Ihre Wahl getroffen und mit Ihrem Prüfer den Rahmen des möglichen Prüfungsthemas abgesteckt haben, sollten Sie auf jeden Fall kurz vor der Prüfung mit ihm noch ein *Prüfungsvorgespräch* führen. Dabei können Sie erkunden, worauf er seine Schwerpunkte legen will, und Anhaltspunkte dafür gewinnen, wie er in der Prüfung vorgehen wird. Verzichten Sie auch dann nicht darauf, wenn Sie gehört haben sollten, daß ihm Gespräche mit Prüfungskandidaten lästig sind. Setzen Sie statt dessen Ihren Ehrgeiz in eine gründliche Vorbereitung.

Was gehört im einzelnen zu einer guten Vorbereitung?

→ Legen Sie eine Literaturliste vor mit der Literatur, die Sie intensiv bearbeitet haben. An dem Punkt sollten Sie nicht bluffen, sondern aufrichtig sein!

→ Verfassen Sie ein *Thesenpapier*, das die wichtigsten Denkschritte zu Ihrem Thema enthält. Beschreiben Sie die *Fragestellung*, die Sie untersuchen wollen, und machen Sie deutlich, mit welchen theoretischen Ansätzen Sie sich befassen wollen.

→ Ordnen Sie Ihre Fragestellung in einen größeren Zusammenhang ein, z.B. indem Sie diese in den Rahmen einer allgemeineren Theoriediskussion stellen oder den Bezug zum aktuellen Stand einer politischen Diskussion herstellen.

→ Geben Sie eine Begründung dafür, warum Sie sich mit diesem Thema bzw. diesen Aspekten zum Thema befassen wollen und warum Sie diese methodische Vorgehensweise gewählt haben und nicht eine andere.

→ **Was tun, wenn Sie als Prüfling »keine Wahl haben«?**

Auch im Zusammenhang mit jenen Prüfungen, bei denen Sie keine Themenschwerpunkte und auch nicht den Prüfer wählen können, gibt es Möglichkeiten, wie Sie mit einem Professor, den Sie noch zu wenig kennen, ins Gespräch kommen können. Versuchen Sie es mal mit einer fachlichen Frage, die sein Spezialgebiet berührt. Aber auch hierfür gilt das Motto: Gute Vorbereitung zahlt sich aus!

Wenn es in Ihrem Fach wegen der großen Zahl von Prüfungen gänzlich unüblich ist, den Prüfer aufzusuchen, sollten Sie sich andere Möglichkeiten einfallen lassen, wie Sie es schaffen, »an ihn heranzukommen«. Manchmal ergibt sich die Gelegenheit zu einem Gesprächskontakt im Anschluß an eine Lehrveranstaltung. Wenn Sie dabei Hemmungen haben, denken Sie daran, daß Sie es sich mit diesem Schritt erleichtern können, auch in der Prüfung besser »Fuß zu fassen«.

Und wenn Sie merken, daß Sie Ihrem unbekannten Prüfer gegenüber sehr problematische Gefühle haben, dann sollten Sie ihn auf jeden Fall in seiner Sprechstunde aufsuchen und Ihre Gefühle in der Realität überprüfen. Vielleicht können Sie mit ihm sogar darüber reden. Falls Ihnen das gänzlich unmöglich ist, besteht die Möglichkeit, die psychologische Beratung an Ihrer Hochschule aufzusuchen. Im Gespräch mit dem Psychologen werden Sie sicher Anregungen dafür finden, wie Sie zu einem sachlicheren Verhältnis zu ihm gelangen können.

Die mündliche Prüfung zum Fachgespräch wenden

Die mündliche Prüfung entspricht, wie eben festgestellt wurde, einem Rollenspiel mit festgelegten Rollenerwartungen. Die Rollen sind dabei nicht oder nur sehr begrenzt austauschbar zwischen Prüfer und Prüfling. So kann Ihr Professor nicht einfach aus der Rolle ausbrechen und einen Vortrag halten, in der Meinung, daß er sich mit dem Thema sowieso besser auskennt als Sie. Der Prüfer muß seine Rolle so spielen, daß er seine Aufgabe erfüllen kann, nämlich das Wissen des Kandidaten zu prüfen und zu beurteilen. Er kommt also nicht umhin, Fragen an den Prüfling zu richten.

Auch der Prüfling kann nicht einfach den Prüfer interviewen, obwohl es manch einen reizen würde, »den Spieß umzudrehen«. Es wird allerdings auch von Fällen berichtet, in denen der Prüfer in der Prüfung mehr erzählt als der Prüfling und dieser den Prüfer durch gezieltes Nachfragen dazu bringt, sich über sein

»Lieblingsthema« auszubreiten. Das kommt vielleicht wirklich einmal vor – ist aber sicher die Ausnahme von der Regel!

Aber die beiden Rollen sind nicht so weit festgelegt, daß es keinen Gestaltungsspielraum gäbe. Manchmal berichten Studierende ganz freudig über eine absolvierte Prüfung, die zu einem richtigen Fachgespräch entwickelt wurde. Auch das ist also möglich, daß die Prüfung sich zu einem befriedigenden Beispiel fachlicher Kommunikation entwickelt! Verwunderlich ist dies nicht, denn in der Prüfungssituation werden nicht nur Erkenntnisse und Theorien dargestellt, sondern auch von Positionen her beurteilt und bewertet, und es werden viele Fragen aufgeworfen – nicht nur »künstliche« Prüfungsfragen, an denen keiner der Beteiligten ernsthaft interessiert ist, sondern auch echte Fragen, die über den engeren Rahmen hinausgehen und die das Nachdenken wert sind.

Manche Prüfer legen es von sich aus darauf an, die Prüfung zu einem Gespräch zu machen. Aber darauf sollten Sie sich nicht verlassen. Sie als Prüfungskandidat können selbst einiges tun, um die Prüfung zu einer sinnvollen Veranstaltung werden zu lassen. Sobald Sie den ausgetrampelten Pfad des »Reproduzierens von Grundwissen« verlassen und eigene Gedanken und Fragen in den Raum stellen, machen Sie dem Prüfer damit das implizite Angebot, sich mit Ihnen auf ein Gespräch einzulassen. Allerdings müssen Sie darauf auch vorbereitet sein.

Es ist nicht jedermanns bzw. jederfraus Sache, den Prüfer zu einer fachlichen Diskussion herauszufordern. Darauf muß es auch nicht unbedingt hinauslaufen!

Aber Sie sollten auf jeden Fall das Ziel verfolgen, in der Prüfung darzustellen,

→ daß Sie »Ihre Sache verstanden haben« und
→ daß Sie selbst denken können, d.h. daß Sie Zusammenhänge herstellen, Begriffe einordnen und auf Beispiele anwenden können.

Damit werden allein schon genug Fragen aufgeworfen, auf die es einzugehen lohnt.

Prüfer sind in der Regel recht froh darüber, wenn die Prüfung nicht zu einer öden Pflichtübung wird. Sie freuen sich über Prüfungskandidaten, die die Aufgabe des Präsentierens von Wissen beherzt und aktiv in die Hand nehmen. Ihre Fragen sind häufig so gemeint, daß sie dem Prüfling einen Faden zuspielen in der Hoffnung, daß dieser ihn »weiterspinnt« und verknüpft.

Deshalb nutzen Sie die Fragen des Prüfers als Gelegenheit dazu, Ihr vorbereitetes Wissen anzubringen! Das sollte allerdings nicht auf bloßes Abspulen von »Versatzstücken« hinauslaufen! Seine Fragen sollten Sie ernsthaft aufgreifen und mit Ihrem verfügbaren Wissen zu beantworten versuchen. Auch wenn Ihr Prüfer in mancher Hinsicht nur Stichwortgeber ist, ist er andererseits doch auch Ihr Gesprächspartner, der ernst genommen werden möchte. Am besten, Sie stellen sich von vornherein auf einen Dialog ein!

Bei Staatsexamina haben Sie sogar mehrere Prüfer vor sich sitzen; und es empfiehlt sich, die beteiligten Personen mit einzubeziehen, zumindest indem Sie Blickkontakt mit Ihnen aufnehmen und sich auch Ihnen gegenüber gesprächsbereit zeigen.

Nutzen Sie den Gestaltungsspielraum in dem Prüfungsgespräch vor allem, indem Sie *Angebote* machen: Angebote, mit denen Sie die Bedeutung von Erkenntnissen darstellen, auf wesentliche Aspekte hinweisen, auf Konsequenzen aufmerksam machen und dgl. mehr. Damit können Sie das Interesse Ihrer Zuhörer wecken – und nicht nur das! –, Sie können damit gleichzeitig bestimmte Fragen nahelegen und steuern damit den Prüfungsverlauf. Auf diese Weise werden Sie zu einem Akteur des Geschehens, eine Rolle, die im krassen Gegensatz zur Opferrolle steht, in die sich manche Prüflinge unnötigerweise hineinmanövrieren.

Aber Vorsicht, Sie sollten auch immer offenbleiben für unerwartete Wendungen, denn der Prüfer hat auf jeden Fall das Vorrecht bei der Steuerung der Prüfung! Es gibt nach wie vor Prüfungsstile, bei denen das Testen von breitem Wissen im Vordergrund steht und der Prüfer bestrebt ist, möglichst viele Fragen zu stellen. Das gilt z.B. für naturwissenschaftliche und medizinische Fächer. In solchen Fällen gilt es, sich flexibel anzupassen. Jedoch ist eigenes Denken und Bekunden von Sachinteresse bei jeder Form von Prüfung gefragt.

Festzuhalten ist:

→ Gehen Sie auf jeden Fall davon aus, daß es einen Gestaltungsspielraum für die mündliche Prüfung gibt, den Sie als Prüfungskandidat nutzen können.

Was Sie im einzelnen dazu tun können, erfahren Sie in den folgenden Kapiteln.

Ein Gerüst für das Prüfungsgespräch vorbereiten

Die folgenden Empfehlungen gelten insbesondere für den Typ von Prüfung, bei dem Sie die Möglichkeit haben, ein selbstgewähltes Thema vorzustellen. In manchen Studienfächern ist sogar vorgesehen, daß der Prüfungskandidat zunächst einen kleinen Vortrag von 5-10 Minuten Dauer halten kann, bevor er sich den Fragen stellt. Häufig beginnt jedoch der Prüfer, indem er eine Eröffnungsfrage stellt, die dem Kandidaten ebenfalls die Gelegenheit gibt, in sein Thema einzuführen und es zu entfalten. Diese Eröffnungsfragen sind meist allgemein und offen formuliert; sie zielen z.B. auf die Einordnung des Themas in einen allgemeineren Kontext ab oder fragen nach dem Motiv für die Wahl des inhaltlichen Schwerpunkts.

Um den Gestaltungsspielraum nutzen zu können, müssen Sie auf jeden Fall inhaltlich gut vorbereitet und in der Lage sein, Ihr Wissen gut vortragen zu können. Für eine gute Präsentation, mit der Sie Ihrem Prüfer ein interessantes Angebot zum Gespräch machen und ihn zu bestimmten Fragen veranlassen wollen, benötigen Sie zu allererst *ein Konzept für die inhaltliche Darstellung*.

Der häufigste und bedeutsamste Fehler, den Prüfungskandidaten in mündlichen Prüfungen machen, ist der Mangel an Strukturierung. Es fehlt ihnen meist nicht an Wissen, ganz im Gegenteil; ein Prüfer im Fach Germanistik drückte es folgendermaßen aus: »Sie lernen zuviel und zu wenig.« Damit meinte er: Sie lernen zuviel ungeordnetes Wissen und zu wenig strukturiertes Wissen. Man kann in Prüfungen häufig beobachten, daß Prüfungskandidaten – kaum, daß das Gespräch durch den Prüfer eröffnet ist – »lossprudeln« und nicht mehr zu bremsen sind oder daß sie Berichte in epischer Breite vortragen und ihre gesammelten Kenntnisse in simpler Aneinanderreihung darbieten.

Es wird jedoch vom Prüfungskandidaten viel mehr erwartet als das; er soll nämlich

→ sein Wissen in Zusammenhänge einordnen,
→ Begriffe richtig verwenden und gegebenenfalls definieren,
→ und sein Wissen auf Beispiele anwenden.

Das läuft insgesamt auf den Anspruch hinaus, daß er mit seinem Wissen kompetent umgehen kann.

Nehmen wir ein Beispiel:

Wenn sich eine Studentin der Germanistik z.B. als Schwerpunkt die expressionistische Lyrik gewählt hat, dann sollte sie

- wissen, wie und nach welchen Kriterien der gewählte Schwerpunkt eingegrenzt werden kann,
- die expressionistische Lyrik in den literaturhistorischen Zusammenhang einordnen können,
- die wichtigsten Lyriker dieser Zeit und ihre Gedichte kennen,
- über den zeitgeschichtlichen Hintergrund informiert sein,
- Auskunft geben können über die Schreibweise der Autoren, über ihre Themen und Motive und diese an Beispielen erläutern können,
- sie von anderen Richtungen der Lyrik, z.B. der neoklassizistischen und der symbolistischen Richtung, abgrenzen können und
- sie in den Zusammenhang mit anderen Literaturgattungen, wie dem expressionistischen Drama, bringen können.

Um auf alle diese Aspekte eingehen zu können, benötigt die Prüfungskandidatin ein gut ausgearbeitetes Konzept, das sie nicht nur im Kopf haben sollte. Es empfiehlt sich auf jeden Fall, als Grundlage für die mündliche Prüfung ein Skript zu erarbeiten.

Das Skript sollte folgende Anforderungen erfüllen:

→ Ziel und Absicht der Darstellung bestimmen

Was wollen Sie in den Brennpunkt stellen? Welche Fragen wollen Sie klären? Worin besteht die Aufgabe Ihres Prüfungsvortrags? Wollen Sie z.B. eine Streitfrage aufwerfen? Einen Vergleich zwischen Theorien durchführen? Texte interpretieren und analysieren usw.

→ Formulieren Sie eine zentrale Kernaussage zum Inhalt

Fassen Sie darin die Essenz Ihres Vortrags kurz und knapp zusammen. Das läßt sich auch bei umfangreichen und komplexen Themen schaffen! Die zentrale Kernaussage sollte alle Teilargumente in sich enthalten.

→ **Lassen Sie sich einen Slogan dazu einfallen**
Erfinden Sie wie in der Werbung einen Spruch, der Ihre zentrale Aussage pointiert zusammenfaßt. (Zum Thema der expressionistischen Lyrik könnte sich die Studentin z.B. einfallen lassen: »Zersplitterung der Wirklichkeit und Aufspaltung des Ichs.«)

→ **Fertigen Sie eine komprimierte Fassung aller wichtigen Aussagen zu Ihrem Thema an**
Das Skript sollte nicht mehr als 4–6 Seiten umfassen. Sorgen Sie dabei für einen guten Aufbau Ihrer Argumentation. Bringen Sie Ihre Argumente oder Aspekte in eine Struktur.

→ **Antizipieren Sie die Fragen des Prüfers**
Welche Fragen sind zu erwarten? Schreiben Sie diese Fragen auf. Sie können Ihnen sowohl für die weitere Bearbeitung Ihres Themas als auch für das mentale Training – auf das wir später eingehen werden – nützlich sein.

→ **Bringen Sie abschließend die Struktur Ihres Vortrags auf einem einzigen Blatt unter**
Es soll Ihnen als Gedächtnisstütze dienen, auf dem Sie die Struktur Ihres Vortrags übersichtlich darstellen, so daß Sie das Wesentliche »auf einen Blick« parat haben. Das läßt sich z.B. sehr gut in Form einer »Mind Map« darstellen (vgl. Kapitel »Strategien optimaler Prüfungsvorbereitung«, S. 38f.). Damit können Sie sich dann zuletzt kurz vor der Prüfung gut rüsten.

Eine solche Ausarbeitung erlaubt Ihnen, Ihr Wissen gut strukturiert darzustellen und Ihre Gedanken in einem sachlogischen Zusammenhang zu entwickeln. So erfüllen Sie die wichtigsten Anforderungen, die an eine gute Prüfungsleistung gestellt werden. Gleichzeitig verfügen Sie über die notwendige Basis, um flexibel mit Fragen umzugehen und den Gestaltungsspielraum des Prüfungsgesprächs aktiv zu nutzen.

Empfehlungen für die aktive Gestaltung der mündlichen Prüfung

Im folgenden finden Sie konkrete Anregungen, wie Sie das Prüfungsgespräch aktiv gestalten und wichtige Beurteilungskriterien erfüllen können (vgl. Adl-Amini, 1992). Sie sollten Sie unbedingt mit in Ihre Prüfungsvorbereitung aufnehmen.

→ 1. Als oberste Regel gilt: Machen Sie aus der Prüfung ein Fachgespräch

Machen Sie mit Ihrer Darstellung dem Prüfer ein Angebot, indem Sie Ihm einen wohl vorbereiteten Faden zuspielen. Führen Sie dazu in Ihre eigenen Gedanken und Fragestellungen ein. Werfen Sie selbst Fragen auf, und nutzen Sie die Fragen des Prüfers dazu, Ihr eigenes Wissen anzubringen. Beschränken Sie sich nicht auf Kurzantworten. Damit spielen Sie ihm nur die dominierende Rolle zu.

→ 2. Denken Sie sich einen geschickten Anfang aus

Verhindern Sie, daß es am Anfang zu einem bloßen Herumstottern kommt, weil Ihnen zu der Eröffnungsfrage Ihres Prüfers nichts einfällt. Überlegen Sie sich einen guten Einstieg in Ihr Thema. Nutzen Sie Ihre Einführung dazu, bei Ihrem Gesprächspartner Interesse und Aufmerksamkeit zu wecken, vielleicht sogar Neugier. Geben Sie ihm eine klare Linie an die Hand, indem Sie in den Aufbau Ihres Themas einführen. Zeigen Sie auf, daß Sie eine bestimmte Argumentation entwickeln wollen. Machen Sie neugierig, indem Sie z.B. eine bestehende Kontroverse aus einer neuen Sicht angehen. Begründen Sie, für welchen praktischen Zusammenhang Ihre Auseinandersetzung mit der Theorie wichtig ist.

Legen Sie sich diesen Einstieg zurecht, indem Sie ein kleines Modul ausformulieren. Das kann Ihnen sehr gut über die Aufregung, die am Anfang besonders groß ist, hinweghelfen.

→ **3. Formulieren Sie präzise**

Es wird von Ihnen erwartet, daß Sie Ihre Ausführungen präzise, d.h. korrekt und logisch ineinandergreifend, darstellen. Das ist das Gegenteil von sprunghafter und assoziativer Darstellung, bei der Sie Gedankenschritte schlicht voraussetzen oder überspringen. Umreißen Sie den Zusammenhang, in dem Ihre These steht, und entwickeln Sie eine klare Disposition für Ihre Darstellung. Halten Sie sich selbst an Ihre Argumentationslinien, indem Sie wieder darauf zurückkommen – z.B. auch dann, wenn unerwartete Fragen Sie auf ein Nebengleis geführt haben –.

Formulieren Sie so klar wie möglich und so ausführlich wie nötig. Vorsicht vor zu großer Weitschweifigkeit. Wenn eine Frage des Prüfers z.B. zu früh kommt, d.h. noch bevor Sie einen bestimmten Aspekt oder Zusammenhang erläutert haben, dann können Sie diese auch zurückstellen, z.B. indem Sie freundlich sagen: »Ich würde gern noch kurz den Punkt A ausführen, bevor ich auf Ihre Frage eingehe. Sie läßt sich in diesem Zusammenhang gut beantworten.«

→ **4. Halten Sie Ihre Argumentationslinien ein**

Manche Prüfungsgespräche entwickeln eine eigene Dynamik, die nicht immer zugunsten Ihrer Vorbereitung ausfällt. Wenn Sie jedoch darüber frustriert sind, daß Sie mit Ihren Gedankengängen nicht zum Zuge gekommen sind, dann sollten Sie zumindest probieren, einen Bezug zu Ihren vorbereiteten Argumentationslinien herzustellen und diesen anzubieten, z.B. indem Sie sagen: »Auf diese Frage könnte man auch von der Position aus eingehen, die ich vorhin umrissen habe, nämlich: ...« oder: »Ich würde diesen Punkt gern noch mal in den Zusammenhang meiner These stellen ...« Aber es kommt darauf an, ob Sie die Fragen des Prüfers in konstruktiver Weise aufgreifen können und sich auch tatsächlich ein sinnvoller Zusammenhang herstellen läßt.

→ **5. Wählen Sie die adäquate Sprache**

Formulieren Sie nicht zu salopp. Die normale Umgangssprache – womöglich im gewohnten Dialekt – ist dabei etwas fehl am Platze. Es wird von Ihnen auch erwartet, daß Sie sich auf Hochdeutsch ausdrücken, in ganzen Sätzen reden und außerdem die Fachsprache anwenden. Das muß nicht auf druckreife Formulierungen und eine gestelzte Wortwahl hinauslaufen. Aber Sie sollten Fachtermini anwenden können, einen Sachverhalt in den Begriffen einer Theorie erklären können und manchmal auch wichtige Aussagen im Originaltext wiedergeben können. Insgesamt gesehen ist eine variable Redeweise durchaus erwünscht: Sachlich präzise Ausführungen lassen sich ergänzen durch anschaulich geschilderte Beispiele, die Sie natürlich auch in Ihrer normalen Alltagssprache ausdrücken können.

→ 6. Bieten Sie unterschiedliche Auffassungen und Interpretationen an

Viele wissenschaftlichen Erkenntnisse lassen sich aus verschiedenen Blickwinkeln darstellen und aufgrund verschiedener Theorieansätze recht unterschiedlich interpretieren.

Deshalb hüten Sie sich davor, so etwas wie »bewiesene Tatsachen« oder Wahrheiten herausstellen zu wollen. Machen Sie statt dessen deutlich, daß Sie mit von Hypothesen geleitetem Denken und mit vielfältigen Aspekten an die Erklärung von Phänomenen herangehen können. Versuchen Sie, mit Ihrer Interpretation ein Angebot zu machen und den Prüfer in eine Diskussion zu verwickeln. Zeigen Sie, daß Sie Fragen auch problematisieren können.

→ 7. Vorsicht bei Meinungsäußerungen und Kritik

In der Prüfung geht es nicht in erster Linie um Meinungen und Beurteilungen, sondern Erkenntnisse und Theorien stehen im Vordergrund. Aber es wird auch nicht erwartet, daß Sie mit Ihrem Urteil gänzlich hinter dem Berg halten und auf eine eigene Stellungnahme verzichten. Sie sollten Ihre Meinung jedoch nicht vorschnell und in apodiktischer Form anbringen. Schließlich besteht Ihre Aufgabe in der Prüfung ja auch darin, daß Sie Auffassungen und Meinungen diskutieren, d.h. Meinungen in Frage stellen und das Für und Wider kritisch abwägen. Es wird durchaus positiv bewertet, wenn Sie Beurteilungen abgeben, die Sie argumentativ begründen, indem Sie dazu wissenschaftliche Erklärungsansätze und Ergebnisse heranziehen. Stellen Sie sich aber lieber zuerst auf den Boden der Wissenschaft, bevor Sie eine lediglich persönliche Meinung abgeben.

Hüten Sie sich ebenfalls vor vorschneller, abwertender Kritik. Wenn diese das Resümee einer gründlichen Analyse darstellt, ist dagegen nichts einzuwenden. Falls sie jedoch lediglich auf eine persönliche Abneigung zurückzuführen ist, wird Ihnen das keine Pluspunkte bringen.

Ein Beispiel dazu: Wenn Sie der Meinung sind, daß Skinners Lerntheorie eine simple reduktionistische Theorie ist, die lediglich auf Tiere, wie Ratten und Tauben, zugeschnitten ist, so sollten Sie dies in der Prüfung nicht an den Anfang stellen. Sie sollten trotzdem zuerst darstellen, worin die zentralen Aussagen dieser Theorie bestehen, in welchem Maße sie die Veränderung von Verhalten erklären können und zu welchen praktischen Anwendungen sie geführt haben. Anschließend können Sie auf den begrenzten Geltungsbereich dieser Theorie eingehen und sich damit kritisch auseinandersetzen.

→ 8. Eigenes Spezialthema anklingen lassen

Falls Sie ein Spezialthema haben, das vom eigentlichen Prüfungsthema etwas weiter abliegt und das Sie gut beherrschen, sollten Sie versuchen, dieses anzubieten, indem Sie es geschickt anklingen lassen. Ebenso könnten Sie, wenn Sie mit dem Spezialgebiet, auf dem Ihr Prüfer arbeitet, gut vertraut sind, Fragen darauf richten und damit das Ziel verfolgen, ihn für eine Diskussion zu gewinnen. Beides setzt jedoch ein gewisses Maß an Souveränität voraus. Aber auch Souveränität läßt sich lernen!

Die folgenden Empfehlungen beziehen sich auf den unmittelbaren Umgang mit Fragen des Prüfers:

→ 9. Antworten Sie mit Überlegung – Nehmen Sie sich die notwendige Zeit dafür!

Es ist nicht ratsam, »wie aus der Pistole geschossen« zu antworten. Klüger ist es, erst zu denken und dann zu reden. Legen Sie sich zuerst blitzschnell eine Kurzgliederung zu Ihrer Antwort zurecht, und zeigen Sie, daß Sie die Frage in einen Zusammenhang stellen können. Es macht eher einen günstigen Eindruck, wenn Sie Ihre Antwort mit einer Gliederung beginnen, z.B.: »Diese Frage berührt drei

Aspekte, nämlich A ..., B ... usw. Ich werde zunächst auf die Dimension A eingehen.«

→ 10. Den Kern einer Frage erfassen

Sie sollten, bevor Sie antworten, für sich genau klären, worauf die Frage abzielt. Wenn Sie dabei ganz unsicher sind, versuchen Sie, sich zu vergewissern, ob Sie sie auch richtig verstanden haben. So können Sie z.B. die Frage wiederholen, indem Sie sagen: »Sie meinen mit dieser Frage ...?« Sie könnten die Frage dabei auch einzuordnen versuchen, indem Sie z.B. anführen: »Das ist die Frage nach dem methodischen Vorgehen (oder nach dem theoretischen Hintergrund oder nach der praktischen Anwendung).« Mit einer solchen Wendung verschaffen Sie sich eine Rückversicherung und gleichzeitig einen Moment Pause, in dem Sie Luft holen und sortieren können, bevor Sie zu antworten beginnen.

→ 11. Es ist okay, Rückfragen zu stellen!

Wenn Ihnen zunächst keine Antwort einfällt, könnten Sie auch von Ihrem Recht Gebrauch machen und Rückfragen stellen – z.B.: »Ich bin mir nicht sicher, worauf die Frage abzielt« –. Dabei könnten Sie auch einen Interpretationsversuch starten, aber Vorsicht, grobe Umdeutungen kommen beim Prüfer nicht gut an! Sie verschaffen sich mit einer Rückfrage eine Denkpause, und vielleicht fallen Ihnen dann sogar einige Anhaltspunkte für eine Antwort oder für eine speziellere Frage ein. Wenn Ihnen schließlich nur klar wird, daß Sie dazu tatsächlich nichts zu sagen wissen, dann drücken Sie das am besten deutlich aus. Ein wenig geschickter könnten Sie sich folgendermaßen aus der Affäre ziehen: »Mit diesem Problem habe ich mich bei meiner Vorbereitung nicht befaßt, weil ich mich insbesondere auf die Aspekte A und B konzentriert habe.« Der Prüfer wird Ihnen nicht »den Kopf abreißen«, er kann und will im Grunde nur das prüfen, was Sie auch tatsächlich wissen. Aber vermeiden Sie auf jeden Fall ein grobes Ausweichen auf einen ganz anderen – unpassenden – Aspekt!

Falls es sich bei der Frage des Prüfers um eine Problematisierungsfrage handelt, könnten Sie auch zunächst mit lautem Nachdenken versuchen, so das Problem heranzugehen: »Man könnte bei dieser Frage erst einmal überlegen, ob ...«

→ 12. Auf Kommentare des Prüfers eingehen

Wenn der Prüfer selbst eine Erläuterung zu einer von ihm gestellten Frage bringt, dann könnten Sie diese aufgreifen und – vorausgesetzt, es fällt Ihnen dazu noch etwas ein! – diese ergänzen oder untermauern, z.B.: »Man könnte dies noch untermauern durch die Ergebnisse einer Studie, die ich neulich gelesen habe ...«

→ 13. Die Frage des Prüfers auch mal problematisieren

Manchmal sind die Fragen des Prüfers deshalb schwer zu beantworten, weil sie problematisch oder nicht ganz fair sind, d.h. weil sie etwas voraussetzen, das nicht ganz angemessen ist. Dazu kann es z.B. kommen, wenn eine sehr abstrakte Theorie zur Erklärung einer konkreten Alltagssituation herangezogen wird. Es gehört natürlich Mut dazu, die Frage des Prüfers selbst »anzugreifen«, sie auf der Metaebene zu reflektieren und deutlich zu machen, daß sie nicht gerechtfertigt ist. Solche Einwände werden von Prüfern, wenn sie freundlich und sachlich vorgetragen werden, durchaus honoriert.

Prüfungen mit begrenzter Gestaltungsmöglichkeit

Bei Prüfungen in den naturwissenschaftlichen und medizinischen Fächern ist der Gestaltungsspielraum für Prüfungskandidaten häufig wesentlich begrenzter. Dabei können die obigen Empfehlungen nur in relativierter Form angewendet werden.

In Gesprächen mit Prüfern dieser Fachbereiche höre ich jedoch immer wieder, daß auch hier von den Prüflingen erwartet wird, daß sie ihr vorgetragenes Wissen auch verstanden haben. Es darf auf keinen Fall der Eindruck entstehen, daß sie ihre Erkenntnisse »nur aus dem Kurzzeitgedächtnis hervorholen«. So sollte z.B. in der Anatomieprüfung auch eine innere Vorstellung vom Aufbau des gesamten menschlichen Körpers deutlich werden. In der Physiologie wird erwartet, daß Zusammenhänge zwischen Symptomen und Funktionen der Organe hergestellt, und Fragen, die Wenn-Dann-Beziehungen ansprechen, erläutert werden können. Eine beispielhafte Frage hierzu könnte sein, warum es bei Gallenkoliken zum Auftreten von Schmerzen in der rechten Schulter kommt. Die Erklärung setzt voraus, daß genügend Wissen über den Verlauf von Nervenbahnen vorhanden ist.

Unbefriedigend sind auch hier zu kurze Anworten, die »Stakkatoantworten«, wie ein Prüfer es ausdrückt. Allerdings kommt »ein weites Ausholen« ebenfalls nicht gut an. Es wird leicht als Vertuschungsmanöver gedeutet und dann auch unwillig vom Prüfer unterbrochen. Erwartet wird vielmehr eine kurze und knappe, aber präzise Antwort, die das Wesentliche auf den Punkt bringt. Das setzt klares Wissen voraus!

Prüfungskandidaten müssen auch damit rechnen, daß sie bei richtigen Antworten unterbrochen werden, wenn der Prüfer sich bereits ein Urteil über die Leistung gebildet hat und weitergehen will. Unterbrochen zu werden, ist also manchmal auch ein gutes Zeichen!

Andererseits ist es aber auch in diesem Kontext willkommen, wenn ein Prüfling sein Spezialwissen anbringen oder das Lieblingsgebiet des Prüfers ansprechen will. Sie sollten es deshalb ruhig probieren.

Eine Empfehlung gilt hier ganz besonders: Konzentrieren Sie sich voll und ganz auf die Darstellung Ihres Fachwissens und nicht in erster Linie auf die Reaktionen des Prüfers. Nicht alle Prüfer geben zu erkennen, ob Sie mit Ihren Antworten richtig liegen. Sie brauchen deshalb Ihre ganze Aufmerksamkeit, um Ihre Ausführungen selbst zu überprüfen und notfalls auch zu korrigieren. Manchmal hilft dabei ein bewußtes kurzes Rekapitulieren, das Sie ruhig auch laut äußern dürfen.

Die wichtigste Voraussetzung für ein gutes Abschneiden in der Prüfung ist allerdings eine gründliche inhaltliche Prüfungsvorbereitung, die zu einem fundierten Verständnis des Wissens vordringt. Wenn Sie die Anregungen des Kapitels »Strategien und Methoden optimalen Lernens für die Prüfung (S. 57) beherzigen, werden Sie diese Voraussetzung gut erfüllen können.

Training des Prüfungsverhaltens – Praktische Übungen

Ein gutes Abschneiden in der mündlichen Prüfung verlangt nicht nur, daß Sie ein gut ausgearbeitetes Skript vorlegen und dessen Struktur im Kopf haben, sondern auch,

daß Sie es gut präsentieren können.

Der Vortrag in der Prüfung will gut geübt sein! Viele Studierende haben im

Laufe ihres Studiums zu selten die Gelegenheit zu freiem Vortrag genutzt und erst recht nicht trainiert. Infolgedessen fühlen sie sich bei einer mündlichen Darstellung ungewandt und unsicher. Falls es Ihnen auch so geht, sollten Sie auf jeden Fall vor Ihrer mündlichen Prüfung viel üben. Üben Sie die flüssige Rede! Es ist durchaus nicht selbstverständlich, daß man die Gedanken, die man im Kopf geklärt hat, auch gut in Worte fassen kann. Das verbale Darstellen und das Reden vor anderen sind spezifische Fertigkeiten, die trainiert werden wollen.

Deshalb die Empfehlung: *Verschaffen Sie sich viele Gelegenheiten, um über Ihr Prüfungsthema zu reden.* Stellen Sie Ihr Thema Freunden und Bekannten vor. Lassen Sie sich von ihnen befragen, und üben Sie sich im Darstellen und Erklären. Sie werden dabei auf die Erkenntnis stoßen, daß die Beantwortung von Fragen dazu herausfordert, gut zu strukturieren und logisch aufzubauen. Meist werden Sie dabei auch noch zu weiterem Durchdenken angeregt. Sie profitieren also in mehrfacher Hinsicht von diesen Übungen!

→ **Empfehlenswert sind die folgenden Übungsmöglichkeiten:**

→ Üben Sie das freie Vortragen so häufig wie möglich auch für sich allein ohne Gegenüber. Halten Sie es auf Tonband fest, um es anschließend selbst beurteilen zu können.
→ Aufzeichnungen mit Videotechnik geben Ihnen obendrein Aufschluß über Ausdrucksformen wie Mimik, Gestik und Interaktionsweisen.
→ Stellen Sie Ihr Thema in Ihrer Arbeitsgruppe bzw. Ihren Kommilitonen vom Fach vor. Schaffen Sie sich dazu eine prüfungsähnliche Situation, indem Sie sich eine feste Zeit vorgeben und Ihre Rolle bis zum Schluß ernsthaft durchhalten. Lassen Sie sich von den anderen Feedback geben.
→ Auch Laien können nützliche Zuhörer sein, die Ihnen Anregungen bringen. Sein Thema der Freundin, die etwas ganz anderes studiert, oder auch einem »nicht studierten« Familienmitglied verständlich zu machen, fordert zu besonders gründlicher Erklärung heraus.

Sie sollten sich die folgenden Beurteilungskriterien der Prüfer zum Lernziel setzen:

→ präzise auf Fragen eingehen,
→ ihre Beantwortung logisch stringent entwickeln,
→ sie mit der angemessenen Ausführlichkeit beantworten und

→ dabei ein adäquates Sprachniveau anwenden (siehe dazu »Empfehlungen für die aktive Gestaltung der mündlichen Prüfung«, S. 153).

Weitere Beurteilungskriterien können sein:

→ die Flüssigkeit der Rede,
→ Lebendigkeit und Engagement bei der Darstellung und
→ ein selbstbewußtes Auftreten.

Versuchen Sie bei Ihren Übungen außerdem die Empfehlungen zur aktiven Gestaltung zu praktizieren. Auch wenn Sie nicht alle Anregungen umsetzen können, werden Sie lernen, zunehmend selbstsicher mit der Situation umzugehen. Sie verschaffen sich damit ein Verhaltensrepertoire, mit dem Sie imstande sind, in der Prüfung eine aktive und selbstbewußte Rolle zu übernehmen.

Achten Sie auch darauf, daß Sie einen Kontakt zu Ihren Gesprächspartnern herstellen, z.B.

→ indem Sie Blickkontakt aufnehmen,
→ ihn auch während des Vortragens aufrechterhalten und
→ Ihrem Prüfer auch genügend Raum lassen für Einwände und Fragen.

Wenn sich die Gelegenheit dazu bietet, besuchen Sie Gruppen und Kurse, in denen Sie Ihr Prüfungsverhalten durch Rollenspiele zur Prüfungssituation und Prüfungssimulationen trainieren können. Dabei kann man eine Menge lernen. Die Workshops zur Examensvorbereitung, die ich an der Freien Universität Berlin durchführe, haben sich als sehr wirksam darin erwiesen, Verhaltenssicherheit zu gewinnen und gleichzeitig Prüfungsängste zu überwinden.

Mentales Training zum Prüfungsverhalten

Das Trainieren des Prüfungsverhaltens hat auch eine kognitive Komponente, die Sie ganz bewußt nutzen sollten. Das geistige Antizipieren und Durchspielen von Verhaltenssituationen verhilft ebenfalls dazu, mehr Sicherheit zu gewinnen. Sie erwerben damit ein Repertoire an Verhaltensmöglichkeiten und können sich gegen kritische Wendepunkte wappnen. Bei dem Punkt »schriftliche Vorbereitung auf die mündliche Prüfung« wurde Ihnen bereits empfohlen, die Fragen aufzuschreiben, die Sie von seiten des Prüfers erwarten. Nehmen Sie sich diese Fragen vor und ergänzen Sie sie noch durch die folgende Aufgabe:

Schreiben Sie alle Fragen auf, die Ihnen sehr unangenehm sind.

Nehmen Sie die notierten Fragen zum Ausgangspunkt von Übungen, die Sie im Kopf durchspielen. Überlegen Sie,

- wie Sie in fachlicher Hinsicht und
- mit welcher konkreten Wendung im Gespräch Sie auf die jeweiligen Fragen eingehen könnten.

Nicht auf alle der Ihnen eingefallenen unangenehmen Fragen können Sie sich noch fachlich vorbereiten; deshalb ist es wichtig zu überlegen, wie Sie den Schreck überwinden und gewandt reagieren können.

Lassen Sie sich eine gute Wendung einfallen wie in dem folgenden Beispiel:

Die Studentin Birgit hat sich mit dem Roman Der Mann ohne Eigenschaften *von Robert Musil befaßt und sich auf die Textinterpretation vorbereitet. Sie möchte den Schwerpunkt auf die Strukturanalyse legen. Sie befürchtet, daß der Prüfer vielleicht auch nach dem psychoanalytischen Interpretationsansatz fragen könnte, mit dem sie sich nur sehr oberflächlich beschäftigt hat. Deshalb nimmt sie sich vor, folgendermaßen zu reagieren: »Ich habe bei meiner Vorbereitung den Schwerpunkt auf die Strukturanalyse gelegt, die mir als besonders geeignete Methode erscheint, weil sie …« Vielleicht noch als Nachsatz: »Mit der psychoanalytischen Deutung habe ich mich deshalb nur am Rande befaßt.« – Diesen Nachsatz könnte sie aber auch ganz weglassen.*

Die Übungen des mentalen Trainings sollten Sie durch Entspannungsübungen ergänzen, die Sie im Kapitel »Mit Prüfungsangst umgehen lernen« (S. 93ff.) kennengelernt haben. Es bieten sich insbesondere die verkürzten Übungsformeln zum Autogenen Training wie auch die einfachen Entspannungsübungen aus dem Abschnitt »Einfache Entspannungsübungen für den Alltag« an.

Empfehlenswert ist hierfür auch die »Übung zur Bestärkung von Ressourcen«, die das mentale Training mit dem Autogenen Training verbindet – siehe dazu das

Kapitel »Autogenes Training und Mentales Training – Bestärkung von Ressourcen« (S. 111). Entwerfen Sie vorher einen kleinen Instruktionstext, in dem Sie die befürchtete Frage zum Ausgangspunkt nehmen und die Situation durchspielen. Sprechen Sie Ihre positiven Voraussetzungen an, und bauen Sie die Entspannungsformeln des Autogenen Trainings ein. Diesen Text sollten Sie sich einprägen, damit Sie ihn anschließend beim mentalen Training reproduzieren können. Oder sprechen Sie den Text auf Tonband, wenn Ihnen diese Form des Trainings mehr liegt.

Was tun im schlimmsten Fall? – Der Blackout

Fast jeder Studierende kennt das Phänomen, den sogenannten Blackout, vom Hörensagen. Nur wenige haben ihn selbst schon einmal in der Prüfung erlebt, aber fast allen ist die Furcht davor zu eigen, daß er auftreten könnte.

Die Befürchtung ist darauf gerichtet, daß in der Prüfung plötzlich »der Faden reißt«, »sich eine Leere im Kopf ausbreitet« und dann »alles weg ist«, was vorher im Gedächtnis an Wissen vorhanden war. Diejenigen, die den Blackout tatsächlich schon erlebt haben, berichten, daß die dabei auftretenden Gefühle erschreckend sind: Es kommt zu heftiger Erregung oder lähmender Schwere. Die Angst breitet sich aus, daß nun »alles aus« und »nichts mehr zu machen« ist. Es drohen der totale Kontrollverlust und peinliches Versagen. Aber Vorsicht! In solchen Berichten schlägt sich bereits eine bestimmte Überzeugung nieder, nämlich die Überzeugung, dem Blackout hilflos ausgeliefert zu sein. Wir haben es damit mit einem »Belief«, einer inneren Selbstaussage, zu tun, die – wie Sie im Kapitel »Prüfungsangst reduzieren durch Analyse von Selbstaussagen« (S. 121ff.) erfahren haben – eine fatale Wirkung auf Emotionen ausüben kann. Hierin liegt ein ganz wesentlicher Ansatzpunkt zur Bewältigung des Blackouts.

Der sogenannte Blackout ist Ausdruck einer Mystifizierung. Im Phänomen des Blackouts gipfelt sozusagen die Prüfungsangst. Er ist das Symbol für das »schlimmste Ende«. Aber dahin muß es beileibe nicht kommen, wenn Sie rechtzeitig etwas dagegen unternehmen und sowohl Ihre Kognitionen wie auch Ihre Verhaltensmöglichkeiten überprüfen.

Blackouts sind eigentlich nichts Extremes. Sie entstehen in einer Situation, die höchste geistige Konzentration verlangt, infolge einer aufgetretenen Erregung. Es passiert auch den geübtesten Rednern, daß ihnen plötzlich mitten in einem Vortrag »der Faden reißt«. Bei ihnen fällt es nur deshalb nicht auf, weil sie es gelernt haben, den Schreck gewandt zu überbrücken. Achten Sie einmal darauf, wie oft es bei Ihnen im normalen Alltag zu einem kleinen Blackout kommt und wie es Ihnen dann auch wieder gelingt, zu dem verlorengegangenen Inhalt zurückzufinden. Der entscheidende Punkt in der Situation des Blackouts ist die Aufregung und wie man mit ihr umgeht. *Der Umgang mit dem Blackout in der Prüfung läßt sich auf jeden Fall lernen!*

Zuvor soll er jedoch etwas näher betrachtet werden. Was ist ein Blackout tatsächlich? Worin besteht er?

Definiert ist er in physiologischer Hinsicht als funktionelle Gedächtnisstörung, die infolge einer starken psychischen Erregung auftritt. Die Erregung, die sich in Form eines charakteristischen Musters von Gehirnwellen im Elektroencephalogramm niederschlägt, behindert den Zugang zu den angezielten Gedächtnisspuren, die beim Lernen des spezifischen Materials gebildet wurden.

Die Störung des Gedächtnisses geht also auf Erregung zurück, d.h. sie ist psychischer Natur. Das bedeutet gleichzeitig: Sie ist reversibel. Diese Erkenntnis könnte beruhigen. Sie steht jedoch im Widerspruch zu dem schlimmen Gefühl, das anscheinend in der Situation selbst erlebt wird. Wie läßt sich dieses Gefühl erklären?

Daß die Angst vor dem »schlimmen Ende« in der Prüfung als so gewaltig erlebt wird, hat mit ihrer ambivalenten Funktion zu tun: Sie signalisiert höchste Gefahr, aber auch die Verlockung der totalen Hilflosigkeit, der Ohnmacht, mit der man der Situation entkommen kann. Es geht um einen Wendepunkt, an dem man entweder der Angst standhalten oder die Flucht ergreifen kann. Wenn Sie sich sagen: »Aufgeben kommt nicht in Frage!«, dann haben Sie den entscheidenden Schritt getan, mit dem Sie dem Blackout beikommen können! Allerdings müssen Sie den Moment größter Angst auch aushalten!

Betrachten wir die Befürchtungen noch etwas genauer. Wenn Sie im Kapitel »Mit Prüfungsangst umgehen lernen« (S. 122) gelernt haben, daß Gedanken und Bewertungen die Emotionen beeinflussen, dann werden Sie vielleicht vermuten, daß in den oben beschriebenen Befürchtungen eine gewaltige Eskalation zum Ausdruck kommt.

Überprüfen wir zunächst die Bewertungen: Ist es gerechtfertigt anzunehmen, daß »alles aus ist« und »daß sich nichts mehr machen läßt«, wenn man einen Blackout hat? Dem ist nicht so!

Was heißt der Gedanke, daß »alles aus ist« genau? Daß man ganz am Ende ist?

Daß nichts mehr geht, nichts mehr funktioniert? Daß man ohnmächtig bzw. ohne Bewußtsein ist? Genau das ist aber nicht der Fall! Der Blackout führt schließlich nicht zur Bewußtlosigkeit. Man ist in der Regel durchaus noch funktionsfähig.

Ebenso trifft auch die Bewertung nicht zu, daß man ganz hilflos ist und nichts tun kann. Im Gegenteil, Sie können einiges unternehmen, was sehr wirkungsvoll ist. Sie können sich z.B. beruhigen und entspannen und damit die Erregung abbauen. Das ist eine wichtige Voraussetzung, um den Zugang zu Ihrem Gedächtnisinhalt wiederzufinden. Es kommt in der Situation des Blackouts in entscheidendem Maße darauf an, daß Sie »das Heft wieder in die Hand nehmen« und Ihre Aufgabe erneut angehen.

→ Wenn in der Prüfungssituation bei Ihnen ein Blackout auftritt, dann sollten Sie folgende Schritte unternehmen:

→ 1. Versuchen Sie als erstes, Ihre Ruhe zurückzugewinnen. Verschaffen Sie sich eine kleine Atempause. Atmen Sie tief durch, so wie Sie es bei den Atemübungen im Kapitel »Prüfungsangst durch Entspannungsübungen abbauen« (S. 119) gelernt haben. Eine kurze Atemübung sollten Sie für diesen Fall parat haben!

→ 2. Gehen Sie offensiv mit dem Blackout um: Bitten Sie Ihren Prüfer um einen Moment Pause, indem Sie z.B. sagen: »Entschuldigung, ich habe gerade einen Filmriß. Ich muß mich erst wieder sammeln.« Prüfer kennen den Blackout und reagieren darauf in der Regel verständnisvoll. Am besten, Sie legen sich vorher diese Wendung zurecht.

→ 3. Starten Sie erneut! Versuchen Sie, den »roten Faden« wiederzufinden. Bringen Sie wieder Ordnung in Ihre Gedanken. Rekonstruieren Sie die Situation vor dem Eintreten des Blackouts: Was haben Sie zuletzt ausgeführt? Wie lautete die Frage? Falls die eigene Suche nicht weiterführt, bitten Sie den Prüfer darum, die letzte Frage noch einmal zu wiederholen.

→ 4. Falls jedoch die letzte Frage der Auslöser für den Blackout war, weil Sie überhaupt nicht mit ihr gerechnet hatten und auch gar nichts dazu sagen können, so müssen Sie versuchen, von der Klippe weg und weiterzukommen. Fassen Sie sich ein Herz, und sagen Sie dem Prüfer, daß Sie die Frage nicht beantworten können, und bitten Sie ihn um eine neue Frage.

Es hängt im wesentlichen von Ihrer Einstellung ab, ob Sie den Blackout bewältigen können. Wenn Sie ihn als etwas akzeptieren, das zwar unangenehm ist, aber keine Katastrophe darstellt, und sich auf das besinnen, was Sie in der Situation *tun können*, dann haben Sie die beste Aussicht, ihn – wenn er dann überhaupt noch auftritt! – auch wieder in den Griff zu bekommen. Das ist auch die Erklärung dafür, daß es bei routinierten Rednern kaum auffällt, wenn sie einen Blackout erleben. Sie haben nämlich die innere Überzeugung, daß sie den »kleinen Schreck« schon wieder »in den Griff kriegen« werden.

Spielen Sie die vier Schritte während Ihrer Prüfungsvorbereitung gedanklich durch. Proben Sie auch hierbei das mentale Training, und unterstützen Sie es durch Entspannungsübungen. Je mehr Sie sich vorher durch Übung wappnen, um so weniger müssen Sie befürchten, daß es überhaupt zu einem Blackout kommt.

TRAINING FÜR
SCHRIFTLICHE PRÜFUNGEN

Schriftliche Prüfungen kommen an den Hochschulen in sehr unterschiedlichen Versionen vor, aber im wesentlichen lassen sich zwei Typen unterscheiden, nämlich

- Themenklausuren und
- Fragenklausuren.

Für *Themenklausuren* ist eine längere Bearbeitungszeit – in der Regel drei bis vier Stunden – vorgesehen. Ein Thema für die schriftliche Magisterprüfung im Fach Germanistik könnte z.B. lauten:

– *Erörtern Sie die Zielrichtung und Formen sozialer Kritik in Gerhart Hauptmanns Drama »Die Weber«.*
Oder ein anderes Beispiel:
– *Welches sind die Definitionskriterien für die Gattung »bürgerliches Trauerspiel«?*

Bei der Bestimmung der Themen orientiert sich der jeweilige Hochschulprüfer an den von den Prüfungskandidaten gewählten Themenschwerpunkten. Das bedeutet also, die Aufgabenstellungen für die Klausur kommen nicht gänzlich unerwartet.

Fragenklausuren enthalten meist eine ganze Reihe von Fragen zu verschiedenen Themen bzw. Aspekten eines Themas. Sie richten sich entweder auf eine zentrale Problemstellung oder umfassen ein breites Spektrum des Wissens. Meistens werden dabei offene Fragen – d.h. ohne vorgegebene Alternativantworten – gestellt, für deren schriftliche Beantwortung ein Umfang von 2-3 Seiten erwartet wird. Dazu ein Themenbeispiel aus einer Klausur im Fach Volkswirtschaftslehre, Prüfungsfach »Steuern und Finanzpolitik«:

Aufgabenstellung:

1. *Die Regierungskoalition hat vorgeschlagen, das Ehegattensplitting zu streichen bzw. zu begrenzen. Wie beurteilen Sie diese Vorschläge*
   a) *aus familienpolitischer Perspektive,*
   b) *unter Berücksichtigung des Leistungsfähigkeitsprinzips?*
2. *Die Kindererziehung soll durch staatliche Maßnahmen stärker gefördert bzw. finanziell entlastet werden. Diskutieren Sie dazu die Vor- und Nachteile alternativer Maßnahmen, die zur Erreichung dieses Zieles eingesetzt werden können.*
3. *Die sog. Spekulationsfrist für Grundstücke soll von 2 auf 10 Jahre ausgeweitet werden. Erläutern Sie die zu erwartenden Auswirkungen auf die Preisentwicklung von Grundstücken und Eigentumswohnungen.*

Klausuren können auch eine bestimmte Problemstellung vorgeben, auf die sich dann eine Reihe von Fragen richten, oder eine Falldarstellung vorgeben – wie man sie vom Fach Jura kennt –, die dann »fachmännisch« zu erörtern und zu beurteilen ist.

Die schriftlichen Tests in den medizinischen und pharmazeutischen Studienfächern enthalten ausschließlich Multiple-Choice-Fragen, bei denen die richtige Antwort aus einer Anzahl von Alternativen – fünf an der Zahl – herausgesucht und lediglich durch Ankreuzen angegeben werden muß. Für solche Klausuren muß man sich breit vorbereiten, da sie sich auf einen sehr großen Pool des Wissens beziehen. Dazu ein Beispiel:

Welche Aussage trifft zu?

Als Hämatokrit bezeichnet man
   (A) die zur Aufrechterhaltung des Kreislaufs erforderliche Mindestblutmenge
   (B) den Anteil der Erythrozyten an der Gesamtblutkörperchenmenge in Vol.-%
   (C) den Anteil der Blutkörperchen am Gesamtblut in Vol.-%
   (D) den Gehalt der Erythrozyten an Hämoglobin
   (E) keine der Angaben trifft zu.

Die verschiedenen Klausurtypen haben jedoch eines gemeinsam: Sie erfordern alle eine anspruchsvolle geistige Leistung, die außerdem noch anstrengend ist, da sie unter fester Zeitbegrenzung erfolgen soll und sich über mehrere Stunden erstreckt.

Schriftliche Prüfungen scheinen bei den meisten Studierenden weniger Ängste auszulösen als mündliche: Das »Sich vor den Augen der Prüfer präsentieren müssen« fällt dabei weg. Die Kehrseite besteht allerdings darin, daß man kein unmittelbares Feedback für die Qualität der Leistung erhält. Andererseits hat man mehr zeitlichen Spielraum, den man zum Nachdenken nutzen kann.

Aber auch die Aussicht darauf, unter Zeitbegrenzung denken und obendrein schreiben zu müssen, ruft bei manchen Streßgefühle hervor und läßt auch die Befürchtung eines Blackouts aufkommen – vor allem dann, wenn man sich vorstellt, von der Themen- oder Fragestellung in der Prüfung völlig überrascht zu werden.

Streß verursacht auch manchmal das »Surrounding« der Klausur: Sie sitzen in einem großen Hörsaal, in aller Regel in alphabetischer Reihenfolge und damit getrennt von Ihren vertrauten Kommilitonen. Der Prüfer geht ständig auf und ab und überwacht argwöhnisch das Verhalten der Prüfungskandidaten. Ruhe kehrt selten ein, da immer wieder jemand aufsteht, zur Toilette geht oder dem Prüfer eine Frage stellen will.

Doch auch diesem Streß läßt sich wirksam begegnen. Voraussetzung dafür ist eine adäquate Vorbereitungsstrategie. Diese sollte die folgenden Aspekte umfassen:

→ die Erkundung der organisatorischen Bedingungen des Prüfungsablaufs,
→ eine gründliche fachliche Vorbereitung als Vorbedingung,
→ ein gutes Timing für die Nutzung der vorgesehenen Prüfungszeit und
→ das Training des prüfungsrelevanten Verhaltens.

Bei der Bearbeitung von Themen- und Fragenklausuren sollten Sie die folgenden Schritte beachten. Auf Besonderheiten im Umgang mit Multiple-Choice-Klausuren wird anschließend speziell eingegangen.

Empfehlungen für schriftliche Klausuren

→ 1. Gründliches Recherchieren im Vorfeld

Verschaffen Sie sich ein klares Bild von dem, was in der Prüfung auf Sie zukommt. Sie sollten genau Bescheid wissen über Rahmenbedingungen und Ablauf der Prüfung. Es baut Ängste ab, wenn man sich mit den Realitäten genau vertraut macht. Wenn Sie das Kapitel »Strategien optimaler Prüfungsvorbereitung – Arbeitsplanung und Zeitmanagement« (S. 33ff.) bereits gelesen haben, haben Sie sich sicherlich schon vorgenommen, genaue Informationen über die zu erwartenden Anforderungen zu beschaffen. In den meisten Fachbereichen sind Sammlungen von Fragen und Klausurthemen im Umlauf oder bei der studentischen Fachschaft erhältlich; wenn nicht, dann müssen Sie Personen befragen: Ihre Kommilitonen, die schon Prüfungserfahrungen hinter sich haben, und Ihre Hochschullehrer.

→ 2. Themen und Themenbereiche abklären und abschätzen

Nutzen Sie, sofern es möglich ist, die Gelegenheit, in Vorabsprachen mit den Prüfern Themenbereiche abzustecken. Viele Prüfer führen auch Prüfungskolloquien zur Vorbereitung auf die Prüfung durch.

Wenn Sie selbst individuelle Themenvorschläge machen können – wie es z.B. in den philologischen Fächern der Fall ist –, dann sollten Sie dies in einer Form tun, die für den Prüfer klar und greifbar ist, also nicht nur mündlich, sondern mit schriftlich fixiertem Konzept (siehe dazu die Empfehlungen im Kapitel »Training für mündlichen Prüfungen«, S. 143ff.). Übermitteln Sie dem Prüfer die Themenvorschläge als Ihr Angebot.

Auch für Fragenklausuren, auf die man selbst weniger Einfluß nehmen kann, lassen sich Hinweise aus Lehrveranstaltungen, die der Prüfer anbietet, gewinnen. Durch gezielte Fragen kann man ihnen weiter nachgehen. Auch hier gilt die Devise: *Werden Sie aktiv!*

→ 3. Gründliche schriftliche Vorbereitung

Für Essay-Klausuren empfiehlt es sich, auf jeden Fall die vorgesehenen oder vorauszusehenden Themen vorher schriftlich auszuarbeiten. Eine bloße Sammlung von Literaturauszügen und fotokopierten Artikeln zu den Themen wird dafür allein keine ausreichende Grundlage sein. Vielmehr sollten Sie die Themen auch in der Form ausarbeiten, wie sie in der Klausur verlangt wird. Also: Schreiben Sie ein Probe-Essay, oder, wenn verschiedene mögliche Themenstellungen zu erwarten sind, verfassen Sie zumindest eine differenzierte Gliederung mit stichwortartigen Ausführungen zur Argumentation.

Sie benötigen auf jeden Fall eine gut ausgearbeitete Struktur zu den jeweiligen

Themen bzw. ein sogenanntes Strukturschema, wie es in dem Kapitel »Aktives Lernen durch Anfertigung von Strukturschemata« (S. 81) beschrieben ist. Mit dem Strukturschema können Sie dafür sorgen, daß Sie das Gerüst in Ihrem Gedächtnis verankert haben und es auch in der Streßsituation der Klausur abrufen können. Auch wenn man in der Klausur keinen »Spickzettel« benutzen kann: Die ausgearbeitete Musterklausur läßt sich »vor dem geistigen Auge« gut abschreiben.

→ 4. Trainieren Sie das prüfungsrelevante Verhalten!

Schreiben Sie für sich allein oder – noch besser – zusammen mit Ihren Kommilitonen Probeklausuren, indem Sie sich unter das vorgesehene Zeitlimit setzen, und üben Sie das Aufsatzschreiben bzw. das schriftliche Beantworten von Fragen. Wenn Sie sich vorher im schriftlichen Ausdruck üben, läuft es in der Ernstsituation auch flüssiger. Fragen Sie sich einmal, wann Sie das letzte Mal drei oder vier Stunden lang einen Text geschrieben haben!? Allein das Schreiben mit der Hand ist heutzutage im Zeitalter des Computers für viele eine Seltenheit.

Wenn es in Ihrem Fach die Gelegenheit zu offiziellen Probeklausuren gibt, dann nutzen Sie sie unbedingt.

Für die Bearbeitungsstrategie in der Prüfung sollten Sie folgendes beachten:

→ 5. Fragestellung bzw. Fragen genau prüfen

Prüfen Sie zu Beginn der Klausur die Fragestellung genau, bevor Sie »loslegen«. Präzises Erfassen der Frage ist eine wesentliche Voraussetzung für eine gelungene Klausur. Manchmal weicht die Aufgabenstellung erheblich von dem von Ihnen erwarteten Themenvorschlag ab. Besinnen Sie sich zunächst auf die zentrale Frage und leiten Sie daraus die Unterfragen ab. Diese liefern Ihnen gleichzeitig die Aspekte für Ihre Gliederung.

Auch bei den Fragen-Klausuren ist das genaue Erfassen der Fragen wichtig. Von Prüfern ist häufig die Kritik zu hören, daß der Kandidat zwar viel Richtiges zu Papier gebracht habe, doch leider sei die Arbeit mangelhaft, weil die Aufgabenstellung verfehlt worden sei. Hüten Sie sich also, gleich loszuschreiben, wenn Sie auf Begriffe stoßen, die Ihnen bekannt vorkommen.

Nehmen Sie sich die nötige Zeit, und prüfen Sie statt dessen genau, wie die Fragestellung zu verstehen ist, oder finden Sie den Ansatz zur Lösung heraus. Hierbei ist ein hektisches Vorgehen völlig unangebracht!

→ 6. Gliederung entwerfen bei komplexer Fragestellung

Wenn Sie die Fragestellung erfaßt haben, sollten Sie im nächsten Schritt eine Gliederung erstellen. Wenn Sie das Thema vorher gut ausgearbeitet haben, wird es Ihnen nicht schwerfallen, die Gliederung herunterzuschreiben. Falls Sie jedoch mit dem Thema nicht auf Anhieb vertraut sind, sollten Sie als Zwischenschritt zunächst andere Techniken benutzen, die das Sammeln von Einfällen anregen und Ihnen gleichzeitig einen guten Überblick über die Aspekte insgesamt verschaffen. Es bieten sich dafür die Cluster-Methode und das Mind Map an, Techniken, die Sie in dem Kapitel »Graphische Darstellung der Struktur: Cluster, Mind Map, Flußdiagramm« (S. 73) kennengelernt haben. Sie lassen sich sehr gut weiterentwickeln zu einer geordneten Gliederung. Da die Gliederung das Gerüst Ihres Aufsatzes darstellt, sollten Sie darauf auch genügend Zeit verwenden.

→ 7. Zeitplan aufstellen

Damit Sie mit Ihrer Zeit ökonomisch umgehen können, sollten Sie anschließend einen Zeitplan aufstellen und Ihre knappe Klausurzeit auf die vorgesehenen Gliederungspunkte verteilen. Vermerken Sie auch die Zeitvorgaben in Ihrer Gliederung. Also: Setzen Sie Zeitmarken, und überprüfen Sie wiederholt, ob Sie richtig in Ihrem Timing liegen. Sehen Sie in Ihrem Zeitplan auch eine Zeitspanne für die abschließende Durchsicht Ihrer Arbeit vor, damit Sie noch einen Korrekturdurchgang einlegen können. Damit vermeiden Sie eine andere Streß-Falle, in die mindestens ein Viertel aller Prüflinge tappen: Ohne Zeitplan gerät man spätestens in der letzten halben Stunde unter Zeitdruck: Man beginnt immer schneller (und immer unleserlicher) zu schreiben, zum Schluß kann man nur noch Stichworte zu Papier bringen oder muß schlimmstenfalls die nicht beendete Klausur abgeben.

Eine differenzierte Gliederung zahlt sich auch an dieser Stelle aus: Wenn Sie in höchster Eile nur noch stichwortartig formulieren können und der Prüfer aufgrund der klaren Gliederung verstehen kann, wie es gemeint ist, wird er vielleicht auch diese Ausführungen noch positiv berücksichtigen.

→ 8. Planen Sie kurze Pausen ein

Bei angestrengter geistiger Arbeit läßt die Konzentration nach einiger Zeit nach, und wenn Sie sich selbst keine Pause gönnen, wird Ihr Geist von selbst eine »Zwangspause« einlegen, die sich in Flüchtigkeitsfehlern niederschlägt. Deshalb sollten Sie lieber vorbeugen und sich Pausen in Aussicht stellen. Selbst kleine Pausen von 3 bis 5 Minuten Dauer haben, wie Sie bereits beim Thema Arbeitsplanung erfahren haben, einen enormen Erholungswert.

Machen Sie jeweils nach etwa einer Stunde eine Pause und nutzen Sie sie, indem Sie aktiv für Entspannung sorgen. Legen Sie dazu Ihre Unterlagen beiseite und schließen Sie die Augen. Machen Sie z.B. eine kleine Atemübung oder verwenden Sie eine der Kurzformeln des Autogenen Trainings, die Sie im Kapitel »Anwendung des Autogenen Trainings in Alltagssituationen: Kurzformeln und Formeln für Teilentspannung« (S. 108) gelernt haben. Sorgen Sie mit Hilfe der Übungsformeln für eine gute Konzentration. Es empfiehlt sich insbesondere die Ergänzung einer Kurzformel durch die Stirnkühle-Übung. Falls Sie eine längere Übung im Autogenen Training machen, sollten Sie unbedingt für eine intensive anschließende Rücknahme sorgen.

Sie gewinnen durch Pausen neben der Erholung auch noch ein wenig Abstand, und das ist häufig sehr förderlich für die Bearbeitung.

→ 9. Aspekte für die schriftliche Bearbeitung

Für die Ausführung Ihrer Gliederung sind folgende Aspekte wichtig: Nachdem Sie die Fragestellung geklärt und die Unterfragen abgeleitet haben, sollten Sie folgendes beachten:

→ Beginnen Sie damit, die zentralen Begriffe zu definieren.
→ Arbeiten Sie anschließend Ihre Gliederungspunkte ab.
→ Bauen Sie Ihre Aussagen logisch auf. Folgen Sie den aufgeworfenen Fragen bzw. Hauptgesichtspunkten wie einem roten Faden.

→ Formulieren Sie kurze Sätze.

→ Halten Sie sich nicht mit sprachlichen Formulierungen und stilistischen Wendungen auf. Das bringt Ihnen keine nennenswerten Punkte.

→ Achten Sie auf jeden Fall darauf, leserlich zu schreiben!

→ 10. Für positive Arbeitsmotivation sorgen

Selbstzweiflerische Gedanken und Befürchtungen sollten Sie in der Prüfungssituation auf jeden Fall stoppen. Sie brauchen Ihre ganze Konzentration für die Sachaufgabe. Ermuntern Sie sich dazu, Ihre Kräfte und Ihr Wissen gut einzusetzen und bestärken Sie sich darin durch direkten Zuspruch. Hierbei helfen insbesondere die Leitsätze zum Autogenen Training und die positiven Selbstaussagen, die Sie in dem Kapitel »Mit Prüfungsangst umgehen lernen« (S. 93) kennengelernt haben. Also: Bestärken Sie Ihre Zuversicht, indem Sie z.B. zu sich selbst sagen: »Du schaffst es, Du hast Dich gut vorbereitet.« Oder: »Bisher hast Du es gut geschafft, Du wirst es auch bis zum Ende schaffen!«

Auch wenn das Glück nicht auf Ihrer Seite sein sollte und die Themenstellung nicht erwartungsgemäß ausfällt, sollten Sie trotzdem mit der Einstellung an das Thema herangehen, das Beste daraus zu machen. Prüfungen enthalten immer ein Risiko, aber nutzen Sie auf jeden Fall Ihre Chance, und geben Sie nicht einfach auf!

→ 11. Mit dem Blackout aktiv umgehen

Falls in der Prüfungssituation plötzlich ein Blackout auftreten sollte, nehmen Sie ihn nicht passiv hin und geben Sie nicht auf. Man kann auf jeden Fall etwas dagegen tun! Nutzen Sie statt dessen die Empfehlungen, die auch für die mündliche Prüfung gegeben wurden und die Sie vorher bei Ihrem mentalen Training gut geübt haben sollten.

Zur Rekapitulation hier kurz die wesentlichen Schritte:

→ 1. Ruhe bewahren und sich eine Atempause verschaffen.

→ 2. Kurze Entspannungsübung, z.B. Atemübung.

→ 3. Anschließend neu starten! Gehen Sie zu Ihrem letzten Gliederungspunkt bzw. zu Ihrer Frage zurück. Versuchen Sie, wieder an Ihren letzten Gedankengang anzuknüpfen.

→ 12. Für das leibliche Wohl sorgen

Geistige Arbeit ist harte Arbeit, und vier oder fünf Stunden sind eine lange Zeit! Treffen Sie deshalb Vorsorge und bringen Sie sich Getränke und, falls Streß Sie hungrig macht, auch Eßbares mit. Am besten, Sie achten dabei auf Ihre Vorlieben. Sorgen Sie für eine »leichte Kost«, die Ihren Blutzuckerspiegel auf einem optimalen Niveau hält – Traubenzucker und Schokoriegel oder Ähnliches sind hierfür recht gut geeignet.

→ 13. Eine kleine Übung in Autosuggestion

Haben Sie das Autogene Training so gut gelernt, daß Sie sich in den sogenannten hypnoiden Zustand versetzen können, läßt sich die Entspannung gut durch eine autosuggestive Leitformel ergänzen. Angenommen, Sie werden unter Zeitdruck leicht hektisch, dann könnten Sie sich als Leitmotiv für die schriftliche Prüfung z.B. vorgeben:

Wenn ich in der Prüfung auf die Uhr schaue, dann atme ich tief ein und aus und arbeite ruhig und zügig weiter.

Allerdings müßten Sie dies vorher gut üben.

Wenn Sie sich mit dem »Ankern« von Erfolgserlebnissen durch imaginative Übungen im Kapitel »Autogenes Training und Phantasieübungen« (S. 113) befaßt haben, könnten Sie auch davon Gebrauch machen, indem Sie in der schriftlichen Prüfung durch eine kleine Geste wie dem Berühren des Handrückens das gute Erfolgsgefühl wieder heraufholen.

→ **14. Brauchen Sie vielleicht einen Glücksbringer?**

Manche schwören auf das Maskottchen, das ihnen in Gestalt eines kleinen Plüschtiers gegenübersitzt, oder auf das Kettchen, das sie hin und wieder berühren müssen. Warum nicht?! Vielleicht beruhigt Sie der gewohnte Anblick, und Sie finden die Situation dann nicht mehr so befremdlich. Die Funktion des Maskottchens ist dem Effekt des »Ankerns« ganz ähnlich, auch an ihm haftet sozusagen das »gute Gefühl«.

Tips für Multiple-Choice-Klausuren

Bei den Studierenden der medizinischen und pharmazeutischen Fächer genießt die Multiple-Choice-Klausur (MC-Klausur) wenig Sympathien. Sie ist jedoch nicht zu umgehen, wenn man z.B. das Physikum absolvieren will.

Auch für MC-Klausuren gilt, daß ein gut strukturiertes Wissen im Kopf die beste Voraussetzung für ein erfolgreiches Abschneiden ist. Mechanisches Auswendiglernen schafft keine ausreichende Basis; nutzen Sie statt dessen die in dem Kapitel »Strategien und Methoden optimalen Lernens für die Prüfung« (S. 57ff.) dargestellten Lernmethoden, dann sind Sie bestens gerüstet.

Es sind jedoch bei diesem Klausurtyp einige Besonderheiten zu beachten, auf die sich jeder Prüfungskandidat gut vorbereiten sollte.

Zuvor noch eine Anmerkung zur Einstellung gegenüber diesem relativ »ungeliebten« Prüfungstyp: Es hilft nichts, wenn Sie an den MC-Klausuren kritisieren, daß sie nicht das adäquate Verständnis des Wissens prüfen und Ihrer Überzeugung Ausdruck geben, daß das »Kreuzen« eine alberne Tätigkeit ist. Sie erzeugen damit nur innere Widerstände, die sich hinderlich auf das Lernen auswirken. An dem Verfahren können Sie nichts ändern. Aber, was Sie sehr wohl beeinflussen können, das ist Ihre Bearbeitungsstrategie. Und darauf kommt es in entscheidendem Maße an!

Die Aufgaben der MC-Klausur verlangen eine anspruchsvolle, hochkonzentrierte geistige Leistung: Sie müssen die Antwortalternativen, die manchmal nur sehr wenig voneinander abweichen, verwirrende Schlußfolgerungen anbieten und logisch genau erfaßt werden müssen, sehr genau prüfen. Außerdem sind die Aufgaben inhaltlich sehr heterogen, verlangen also ein schnelles Hin- und Herspringen in Ihrem Gedächnisspeicher. Obendrein erlaubt die knappe Zeit von vier Stunden für 180 Aufgaben kein langes Nachdenken. Im Gegenteil, Sie benötigen eine Bearbeitungsstrategie, mit der Sie die Zeit und die vorgegebenen Bedingungen optimal nutzen. Deshalb sollten Sie sich die folgenden Schritte zu eigen machen (vgl. Dahmer, 1998):

→ **1. Sich mit dem Verfahren vertraut machen**

Sie sollten auf jeden Fall den Typ der MC-Klausur vorher gut kennen, sich mit den verschiedenen Fragetypen vertraut gemacht haben und über die Ausführungsbedingungen genau Bescheid wissen. Vermutlich werden Sie sich die »Praktischen Hinweise zur Durchführung der schriftlichen Prüfungen nach der Approbationsordnung für Ärzte« des Instituts für Medizinische und Pharmazeutische Prüfungsfragen schon bei Ihrem Landesprüfungsamt besorgt haben. Dann sind Sie schon gut ausgestattet – wenn nicht, ein unbedingtes Muß!!!

Im folgenden kommen wir zur Bearbeitungsstrategie für die Klausur.

→ **2. Aufgaben der Reihe nach bearbeiten – Vom Leichten zum Schweren**

Sie haben, wenn man die Gesamtzeit von vier Stunden auf die Anzahl der Fragen (insgesamt 180) verteilt, für die Beantwortung jeder einzelnen der 180 Fragen $1^1/_2$ Minuten Zeit. Es kommt also darauf an, daß Sie die Zeit optimal einsetzen.

Empfehlenswert ist, als Grundregel, in der Reihenfolge der gestellten Aufgaben zu arbeiten. Lassen Sie sich nicht dazu verleiten, Ihren Vorlieben zu folgen und bestimmte Fragen zuerst zu beantworten, sondern gehen Sie am besten folgendermaßen vor:

→ Im *ersten Durchgang* sollten Sie alle sofort beantwortbaren Fragen auch durch Ankreuzen beantworten und die schwierigeren Aufgaben, bei denen Sie unsicher sind, zunächst offenlassen.

→ Kontrollieren Sie nach dem Durchgang, wieviel Zeit Ihnen geblieben ist. Teilen Sie die verbleibende Zeit auf die Anzahl der übriggebliebenen ungelösten Antworten auf, und halten Sie sich an die für jede Aufgabe vorgesehene Zeit.

→ Gehen Sie im *zweiten Durchgang* wiederum so vor, daß Sie zunächst die weniger schwierigen Aufgaben beantworten.

→ Die verbliebenen ungelösten Aufgaben bearbeiten Sie im *dritten Durchgang*. Halten Sie sich dabei konsequent an die pro Aufgabe vorgegebene Restzeit.

→ Wenn Sie eine Aufgabe in dieser Zeit nicht lösen können, dann streichen Sie auf jeden Fall die *wahrscheinlichste* Lösung an. Bei fünf Alternativen haben Sie eine Ratewahrscheinlichkeit von 20 % für die richtige Antwort.

→ Merken Sie sich die Aufgaben vor, die Sie noch einmal überdenken wollen.

→ Wenn Sie zum Schluß noch etwas Zeit haben – bzw. Zeit für einen abschließenden Korrekturvorgang eingeplant haben –, dann schauen Sie sich nur die zum Überdenken vorgemerkten Aufgaben an.

→ **3. Sorgen Sie für ein gutes Timing**

Damit es Ihnen nicht passiert, daß Sie sich bei der Aufgabe 110 gehetzt fragen, ob Sie noch rechtzeitig fertig werden oder vielleicht wegen der Prüfungsanspannung zu einer realistischen Hochrechnung nicht mehr imstande sind, und unter Zeitdruck geraten, sollten Sie zu Beginn der Klausur einen Zeitplan aufstellen, um all dem vorzubeugen.

Machen Sie sich den verfügbaren Zeitrahmen sichtbar, indem Sie Stundenmarken verteilen: Markieren Sie die Aufgabe 45; das ist Ihre Einstundenmarke. Kennzeichnen Sie Aufgabe 90 als Ihre Zweistunden-Marke und Aufgabe 135 als Dreistunden-Marke. So erkennen Sie frühzeitig, ob Sie gut in der Zeit liegen und können rechtzeitig gegensteuern.

→ **4. Schalten Sie Pausen ein**

Gerade bei den MC-Klausuren hat man festgestellt, daß ab einer bestimmten Aufgabenzahl verstärkt Fehlerserien auftreten. Wenn man nachforscht, läßt sich feststellen, daß die Kandidaten sich diese Fehler gar nicht erklären können, weil sie die richtigen Antworten eigentlich gewußt haben. Aber sie hatten ohne Pause gearbeitet. Die Fehler gehen darauf zurück, daß wegen Überanstrengung ihr Geist eine Notpause eingelegt hat.

Wenn Sie jedoch im voraus kurze Pausen einplanen, können Sie diesen Effekt verhindern. Halten Sie sich am besten an die Zeitmarken und machen Sie nach jeder Stunde eine Pause von 3–5 Minuten. Sorgen Sie dabei für eine aktive Entspannung (vgl. »Empfehlungen für schriftliche Klausuren«, S. 173).

→ 5. Lösungen sofort auf den Computerbogen übertragen

Es ist zu empfehlen, die Lösungsbuchstaben der als richtig identifizierten Antwortalternativen zuerst in das Aufgabenheft und dann sofort auf den Computerbogen zu übertragen. Wenn Sie das Übertragen für den Schluß reservieren, kann es sehr leicht zu Übertragungsfehlern kommen. Außerdem verschafft Ihnen die mechanische Tätigkeit des Übertragens jeweils eine kleine Pause. Auch die geratenen Antworten sollten Sie sofort auf dem Computerbogen markieren. Denn, falls Sie unter Zeitdruck geraten und nicht mehr zum Markieren kommen, bringen Ihnen die nicht angekreuzten Aufgaben keine Punkte, und die Chance, zu 20% richtig zu raten, geht Ihnen verloren.

Wenn Sie sich einzelne Aufgaben später noch einmal vornehmen wollen, merken Sie sich dies auf der Rückseite des Aufgabenheftes vor. Wenn Sie am Ende noch Zeit übrig haben sollten, können Sie die Vormerkungen gezielt nutzen. Die eingetragene geratene Antwort läßt sich leicht ausradieren und korrigieren.

→ 6. Vorsicht vor »Verschlimmbesserungen«

Fangen Sie am Ende der Klausur, wenn Sie noch Zeit übrig haben, nicht damit an, ziellos zu blättern und hier und da noch etwas zu korrigieren. Meist kommt es dadurch eher zu Fehlern statt zu Verbesserungen, weil Ihre Konzentration nach vier Stunden Arbeit stark nachgelassen hat. Beschränken Sie sich auf die von Ihnen vorgemerkten Antworten, bei denen Sie bereits »Vorarbeit« geleistet haben.

→ 7. Ermunterung zum Raten

Sie werden häufig in die Situation geraten, daß Sie bei Aufgaben zwar drei Alternativen ausschalten, sich aber zwischen den restlichen beiden nicht entscheiden können. Das ruft leicht ein Gefühl von Unwissenheit hervor. Vielleicht hilft Ihnen die folgende Erklärung dabei, die Klippe zu überwinden: Die Aufgaben müssen aus testtheoretischen Gründen so konstruiert sein, daß sie eine optimale Trennschärfe haben. Das ist erreicht, wenn sie einen mittleren Schwierigkeitsgrad haben, nämlich einen Index von 50%. Das heißt aber, daß es konkret diejenigen sind, bei denen Sie vor der Fifty-fifty-Wahl stehen. Sie können sich also sagen, daß Sie mit Ihrer Reaktion im Erwartungsbereich der Frage liegen.

Zum Raten gibt es auch noch speziellere Hinweise. So hat man durch statistische Untersuchungen zu den Fragetypen und –formulierungen festgestellt, daß bestimmte Formulierungen in richtigen Aussagen nicht zufällig häufiger auftauchen als in falschen. Das trifft z.B. auf die Formulierungen »können« und »kann« zu. Wenn Sie sich damit vertraut machen wollen, empfehle ich Ihnen die entsprechenden Literaturtips am Ende des Kapitels.

→ 8. Das Mißerfolgsgefühl nach der Klausur – der »Zeigarnik-Effekt«

Wenn sich bei Ihnen nach der Prüfung ein Mißerfolgsgefühl einstellen sollte, weil Ihnen immer wieder Fragen einfallen, die Sie beim anschließenden Überprüfen in der Fachliteratur als falsch erkennen, und Sie infolgedessen zu einem bestürzenden Gesamtergebnis kommen sollten, dann führen Sie sich vor Augen, daß es den sogenannten »Zeigarnik-Effekt« gibt. Damit wird das Phänomen bezeichnet, daß die Dinge am besten behalten werden, die die höchste Spannung hinterlassen haben. Und das sind insbesondere die »ungelösten«, die Sie mit einem unguten Gefühl beendet haben. Die Aufgaben, die Sie ohne Schwierigkeiten richtig gelöst haben, hinterlassen viel weniger Spannung als die subjektiv »unerledigten« und »melden sich« dann auch nicht. Infolgedessen wird Ihr Gesamteindruck verzerrt. Vermutlich liegen Sie besser im Rennen, als Sie es in dieser kritischen Situation vermuten.

→ 9. Das spezifische Prüfungsverhalten trainieren

Für MC-Klausuren ist es ein Muß, das spezifische Bearbeitungsverhalten vorher gut zu üben. Gerade diejenigen, die sich mit diesem Prüfungstyp schwertun, sollten es trainieren. Das Einhalten des Timings und der gestaffelten Bearbeitungsstrategie erfordert viel Selbstdisziplin. Deshalb wird Ihnen das Üben in der Gruppe vermutlich leichter fallen.

SCHLUSS:
DIE LETZTEN TAGE VOR DER PRÜFUNG

Wenn Sie die Empfehlungen dieses Buches aufgegriffen und an Ihre Bedürfnisse adaptiert haben, dann werden Sie auch zu einer für Sie optimalen Vorbereitungsstrategie gefunden haben. Sie werden einige Tage vor dem Prüfungstermin einen guten Stand der fachlichen Vorbereitung und ein Gefühl, das überwiegend durch Zuversicht geprägt ist, erreicht haben. Vielleicht ist Ihre Prüfungsangst nicht völlig verschwunden; aber Sie wissen, wie Sie mit ihr umgehen und sie auf ein akzeptables Maß herunterschrauben können. Erinnern Sie sich daran, daß Sie Ihre Prüfungsangst auch brauchen, um Ihre Kondition voll auszuspielen. Ein Schauspieler, der vor der Premiere kein Lampenfieber verspürt, sieht dies eher als ein schlechtes Omen! Auch der Leistungssportler deutet seine Aufgeregtheit vor den Meisterschaften als Zeichen von Energetisierung und nimmt in seinem mentalen Training den erfolgreichen Ablauf des Kampfes vorweg.

Wie Sie die letzten drei oder vier Tage vor der Prüfung gestalten, müssen Sie für sich selbst entscheiden. Es gibt dafür kein Patentrezept. Sie sollten die Art hingegen an Ihre persönlichen Bedürfnisse anpassen. Die folgenden drei Beispiele zeigen Ihnen, wie breit das Spektrum der Verhaltensweisen dabei sein kann:

— Ein Student berichtete, daß er in den letzten Tagen vor seinem Staatsexamen ständig im Park in seiner Nachbarschaft unterwegs gewesen sei. Er sei noch nie zuvor so häufig spazierengegangen wie zu dem Zeitpunkt. Er habe allerdings seine Karteikarten dabei gehabt und sich den Stoff laut redend vorgetragen.

— Eine Studentin mußte ihre Schreibtischarbeit immer mal wieder durch eine Runde Shopping unterbrechen. Beim Zug durch die Boutiquen war sie dann völlig absorbiert von der Frage der Kleiderwahl für das Examen. Anschließend hatte sie den Kopf wieder frei für die »wichtigeren Dinge«.

— Ein anderer Student schwor darauf, bis zur letzten Minute vor der Prüfung über seinen Büchern zu sitzen. Er meinte, es würden ihm bis zuletzt immer noch ganz wichtige Aspekte einfallen, nach denen der Prüfer fragen könnte. So sei es ihm auch am letzten Abend vor seiner Diplomprüfung gegangen: »Kurz vor zwölf« sozusagen sei er noch auf eine Lücke gestoßen, die am nächsten Tag vom Prüfer auch tatsächlich angesprochen worden sei.

Übrigens haben alle drei Studenten im Examen gut abgeschnitten!
Es scheint jedoch in allen drei Beispielen eine gewisse Unruhe und »Umtriebigkeit« im Spiel gewesen zu sein.
Vielleicht gelingt es Ihnen, mehr Ruhe und Abstand zu gewinnen und in den letzten drei Tagen in erster Linie für Ihr körperlich-seelisches Wohl zu sorgen.

Abschließend noch einige allgemeinere Anregungen dazu:

→ Wenn Sie unbedingt noch lernen müssen, dann überschreiten Sie in den letzten Tagen nicht die Grenze Ihrer Aufnahmekapazität. Mehr als sechs Stunden pro Tag sollten es nicht mehr sein!
→ Lernen Sie möglichst nicht mehr viel Neues, sondern verfestigen Sie den gelernten Prüfungsstoff anhand Ihrer Übersichten und Strukturschemata.
→ Sorgen Sie aktiv für eine gute körperlich-seelische Verfassung, indem Sie z.B. ausreichend lange schlafen. Wenn das Autogene Training als Einschlafhilfe nicht ausreicht, bauen Sie vor: durch körperliches »Auspowern« beim Sport oder durch andere Anstrengungen, die zur wohligen Erschöpfung führen, z.B. Saunabaden.
→ Planen Sie Annehmlichkeiten in Ihren Tagesablauf ein, so daß Sie sich im voraus darauf freuen können.
→ Meiden Sie Mitmenschen, die Sie »verrückt machen« und Ihre Prüfungsangst verstärken können. Suchen Sie statt dessen die Gesellschaft von Freunden, die Sie ermuntern und notfalls aufbauen können. Lassen Sie sich von Ihrem Partner ein wenig verwöhnen.
→ Verlieren Sie nicht ganz den Kontakt zur Alltagsrealität. Denken Sie daran, daß das Leben draußen weitergeht und das Weltgeschehen sich nicht nur um Ihr Examen dreht.
→ Und last not least: Es führt kein Weg darum herum: Sie müssen die Streßsituation aushalten. Es steht in der Tat ein wichtiger Schritt an. Aber es ist auch einer, der Sie weiterführt.

LITERATURVERZEICHNIS

Acres, D., *How to pass exams without anxiety*. Plymouth: How To Books Ltd, 1995.

Adl-Amini, B., *So bestehe ich meine Prüfung*. Lerntechniken, Arbeitsorganisation und Prüfungsvorbereitung. Weinheim & Basel: Beltz, 1992.

Bandler, R. & Grinder, J., *Therapie in Trance*. Hypnose: Kommunikation mit dem Unterbewußten. Stuttgart: Klett-Cotta, 1984.

Buzan, T., *Kopftraining – Anleitung zum kreativen Denken*. München, 1984.

Blos, P., *Adoleszenz*. Stuttgart, 1995.

Brenner, H., *Entspannungstraining*. München: Humboldt-Taschenbuchverlag, 1997.

Dahmer, J., *Effektives Lernen* – Anleitung zu Selbststudium, Gruppenarbeit und Examensvorbereitung. Stuttgart: Schattauer, 1998

Eckstein, B. (Hrsg.), *Hochschulprüfungen*: Rückmeldung oder Repression? Hamburg, 1071.

Ellis, A., *Die rational-emotive Therapie*. Das innere Selbstgespräch bei seelischen Problemen und seine Veränderung. München: Pfeiffer, 1977.

Foppa, K., *Lernen, Gedächtnis, Verhalten*. Ergebnisse und Probleme der Lernpsychologie. Köln und Berlin: Kiepenheuer & Witsch, 1965.

Gawatz, R., *Studium, Wissenschaft, Beruf*. Berufliche Studienperspektiven westdeutscher Studierender und ihr Stellenwert für die Studienbewältigung und Studiensituation. Konstanz: Hartung Gorre, 1991.

Hodapp, V., *Das Prüfungsängstlichkeitsinventar TAI-G*: Eine erweiterte und modifizierte Version mit vier Komponenten. Zeitschrift für Pädagogische Psychologie. 5. 2. 121-130, 1991.

Hodapp, V; Glanzmann, P. G. & Laux, L., In: C. .D. Spielberger. & Vagg, P. R., (Eds.*), Test anxiety: Theory, assessment and treatment*. (pp.47-58) Washington, DC: Taylor & Francis, 1995.

Jacobs, B., *Angst in der Prüfung*. Beiträge zur kognitiven Theorie der Angstentstehung in Prüfungssituationen. Frankfurt/Main: Fischer, 1981.

Jacobson, E., *Progressive Relaxation*. Chicago: University Press, 1938

Kerres, M., *Prüfungsangst und Prüfungsbewältigung*. Eine Untersuchung zu selbstregulativen Tätigkeiten im Prüfungsgeschehen. Frankfurt/Main, 1988.

Knigge-Illner, H. u. Kruse, O. (Hrsg.), *Studieren mit Lust und Methode*. Neue Gruppenkonzepte für Beratung und Lehre. Weinheim: Deutscher Studien Verlag, 1994.

Knigge-Illner, H., *Workshop zur Examensvorbereitung. Bewältigung von Prüfungsangst*. In: Knigge-Illner, H. u. Kruse, O. (Hrsg.), Studieren mit Lust und Methode. Neue Gruppenkonzepte für Beratung und Lehre. Weinheim: Deutscher Studien Verlag, 1994.

Knigge-Illner, H., *Coping with exam-anxiety. The effects of a multidimensional group concept*. Conference papers from the 25. Annual Training Event and Conference of the British Association for Counseling at the University of Sussex, Falmer, Brighton, March 1996.

Knigge-Illner, H., *»Das Examen schaffen« – Evaluation eines Workshops zur Bewältigung von Prüfungsangst*. Report Psychologie. 23. 10. 828-841, 1998.

Knigge-Illner, H., *Prüfungsangst bewältigen. Konzept eines Workshops zur Examensvorbereitung*. Das Hochschulwesen. 46. 3. 163-171, 1998.

Knigge-Illner, H., *Prüfungsangst bewältigen. Evaluation eines Workshops zur Examensvorbereitung*. Das Hochschulwesen. 46. 4. 210-217, 1998.

Kirkhoff, M., *Mind Mapping*. Einführung in eine kreative Arbeitsmethode. Bremen, 1992.

Kraft, H., *Autogenes Training*. Methodik und Didaktik. Stuttgart: Hippokrates, 1996.

Krohne, H. W., *Theorien der Angst*. Stuttgart: Kohlhammer, 1976.

Krohne, H. W., *Angst bei Schülern und Studenten*. Hamburg: Hoffmann und Campe, 1977.

Krohne, H. W., *Angst und Angstbewältigung*. Stuttgart: Kohlhammer, 1996.

Kruse, O., *Keine Angst vor dem leeren Blatt*. Ohne Schreibblockaden durchs Studium. Frankfurt/New York: Campus Verlag, 1995.

Lazarus, R. S. u.a., *Psychological stress and adaptation*. Some unresolved issues. In: Selye, H. (E. D.). Selye's Guide to stress research (Vol. 1). 90-117. New York: Van Nostrand. Reinhold, 1980.

Leutzinger-Bohleber, M. & Mahler, E. (Hrsg.)., *Phantasie und Realität in der Spätadoleszenz*. Gesellschaftliche Veränderungen und Entwicklungsprozesse bei Studierenden. Opladen, 1993.

Levitt, E. E., *Die Psychologie der Angst*, Stuttgart: Kohlhammer, 1987.

Metzig, W. u. Schuster, M., *Prüfungsangst und Lampenfieber*. Bewertungssituationen vorbereiten und meistern. Berlin Heidelberg: Springer, 1998.

Metzig, W. & Schuster, M., *Lernen zu lernen*. Heidelberg: Springer, 1996.

Mohan, A.G., *Yoga. Rückkehr zur Einheit*. Via Nova, 1994.

Ohm, D., *Progressive Relaxation*. Stuttgart: Trias, 1997.

Prahl, H. W., *Prüfungsangst*. Symptome, Formen, Ursachen. München: Nymphenburger, 1977.

Rico, G., *Garantiert schreiben lernen*. Reinbek, 1984.

Robinson, F., *Effective Study*. New York, 1961.

Rückriem, G., Stary, J. u. Franck, N., *Die Technik wissenschaftlichen Arbeitens*. Eine praktische Anleitung. Paderborn: Schöningh, 1992.

Scheer, J. W. & Zenz, H., *Studenten in der Prüfung*. Eine Untersuchung zur akademischen Initiationskultur. Frankfurt/Main, 1973.

Scholz, O. B., *Das Phänomen Prüfungsangst*. Zum Angstverhalten von Studierenden. Forschung & Lehre. 6. 315-318, 1995.

Schräder-Naef, R., *Keine Zeit? Zeit-Erleben und Zeit-Planung*. Weinheim: Beltz Quadriga, 1993.

Schräder-Naef, R., *Rationeller lernen lernen*. Weinheim: Beltz Bibliothek, 1994.

Schräder-Naef, R., *Lerntraining für Erwachsene*. Weinheim: Beltz, 1999.

Schultz, J. H., *Das autogene Training*. Konzentrative Selbstentspannung. Stuttgart. New York: Georg Thieme, 1991.

Schwarzer, R., *Streß, Angst und Handlungsregulation*. Stuttgart: Kohlhammer, 1993.

Schwarzer, R., *Psychologie des Gesundheitsverhaltens*. Göttingen: Hogrefe, 1996.

Spielberger, C. D., *The nature and treatment of test anxiety*. In: M. Zuckerman & C. D. Spielberger (Eds.), *Emotion and anxiety*. New York: Wiley, 1976.

Stary, J. u. Kretschmer, H., *Umgang mit wissenschaftlicher Literatur*. Eine Arbeitshilfe für das sozial- und geisteswissenschaftliche Studium. Frankfurt/Main: Cornelsen Scriptor, 1994.

Studentenwerk Berlin (Hrsg.), *Die Arbeit der Psychologisch-Psychotherapeutischen Beratungsstelle des Studentenwerks Berlin*. Berlin, 1997.

Wagner, W., *Uni-Angst und Uni-Bluff*. Berlin: Rotbuch Verlag, 1992.

Zentraleinrichtung Studienberatung und Psychologische Beratung (Hrsg.), *Beratungsjahrbuch 1995/1996*. Berlin: Freie Universität, 1995.

Zentraleinrichtung Studienberatung und Psychologische Beratung (Hrsg.), *Beratungsjahrbuch 1998/1999*. Berlin: Freie Universität, 1998.

Zielke, W., *Handbuch der Lern-, Denk- und Arbeitstechniken*. München: Moderne Verlagsgesellschaft, 1988.